人力资源管理
从入门到精通

郑磊磊◎编著

民主与建设出版社
·北京·

© 民主与建设出版社，2022

图书在版编目（CIP）数据

人力资源管理从入门到精通 / 郑磊磊编著. -- 北京：民主与建设出版社，2022.4
ISBN 978-7-5139-3831-0

Ⅰ.①人… Ⅱ.①郑… Ⅲ.①人力资源管理 Ⅳ.① F243

中国版本图书馆 CIP 数据核字（2022）第 078894 号

人力资源管理从入门到精通
RENLI ZIYUAN GUANLI CONG RUMEN DAO JINGTONG

编　　著	郑磊磊
责任编辑	刘树民
封面设计	乔景香
出版发行	民主与建设出版社有限责任公司
电　　话	（010）59417747　59419778
社　　址	北京市海淀区西三环中路 10 号望海楼 E 座 7 层
邮　　编	100142
印　　刷	三河市京兰印务有限公司
版　　次	2022 年 4 月第 1 版
印　　次	2022 年 7 月第 1 次印刷
开　　本	710 毫米 × 1000 毫米　1/16
印　　张	15.25
字　　数	152 千字
书　　号	ISBN 978-7-5139-3831-0
定　　价	69.80 元

注：如有印、装质量问题，请与出版社联系。

前言
Introduction

人力资源管理的作用和意义

对于一家企业而言，人力资源管理部门是企业创立之初便应该与之同步建立存在的。人力资源管理部门的作用很大，从前期招聘人才，到中期的人才培训，再到后期对企业人才工资等各方面的规划和管理，对人才的岗位安排，对人才能力的培养和激发等很多方面都要做好安排。只有先将企业的员工管理好，才能够凝聚企业中每个人的力量，在他们为企业的发展做出贡献的同时，能够将其自身价值发挥出来，从而实现企业与员工持续发展和共赢的目标。

人力资源管理（也可以简称为"HR"）的主要意义，无论是从宏观来讲，还是从微观的层面去说，基本上都是以关注人才对企业发展的价值与作用为伊始的。通过 HR 的有效管理，即通过一定的手段，或采取一定的措施，充分发挥、调动广大员工的主观能动性、积极性，以及创造性等，充分发挥其潜力保障企业稳定发展。

对公司决策层来说，企业管理的主要方面是人、物、财和信息等，其中人是最重要的资源，因而就需要设置相关部门去管理好"人"这一资源。在此，HR 的主要意义也是对"人"这一资源的管理。

对于企业来说，任何的管理者都不可能是一个"万能的使者"。而 HR 的存在意义，便是协助甚至代替了管理者，对员工的潜能进行开发、培训，并打造出高效团队，这样不仅提高了效率，也使得管理者拥有了更多的时间和精力可以处理更为重要的事务。

对一个普通的员工来说，每一个人都想要掌握自己的命运。因此，关于自己适合做什么、岗位的职责是什么、自己如何有效地融入组织中去，或者企业组织的目标是什么、企业的价值观念是什么等，这些都是每个员工十分关心，却又深感困惑的问题。而 HR 的意义便是结合企业组织的目标去开发员工自身的潜能、发挥员工所拥有的能力，并且还能够帮忙设计出适合员工的职业人生等。

在企业发展的过程中，HR 有其存在的必然性，通过以下几点对其进行简略阐述：

1. 有利于对人力资源进行合理分配及整合。

在人力资源的管理过程中，常常会涉及关于企业的规划与企业招聘的事情。其中 HR 能否对每个岗位的规划与招聘做出说明以及分析，起着至关重要的作用。

对于一个企业来说，岗位是不能够随意设置和撤销的，但更加重要的是企业中哪些重要的岗位不能缺少，关于每一个岗位需要哪种能力的员工，不同岗位上的员工又都需要做些什么，都应该有一份详细的说明书。这样一来，企业不仅在招聘时能够更加容易、精准地招到人才，还能够快速地通过 HR 对人才进行合理配置。

2. 有利于快速、精准地选择员工，以及分配合适的岗位。

在招聘的过程中，通过 HR 能够很快地对人才的能力进行一定了解，察觉出对方是否能够胜任企业的岗位，从而将不同的人推荐到更加合适的岗位上去，激发他们自身所拥有的潜力，为企业带来更多的贡献。

3. 通过对人力资源的管理，能够为企业储备人才实力、提升企业竞争力。

在如今的社会中，人才的作用变得越来越大，成了企业中不可多得的宝贵财富。而如果想要为企业培养优秀的人才，就需要定期对员工进行企业培训，并且还要对他们的能力进行开发再利用。

当新员工入职之后，首先需要了解工作环境，以及岗位的规章制度，而后去接受企业的专业培训，同时还要做到在最短的时间里了解清楚各种事情，以免耽误工作。在此时，HR 的作用就显得极为重要。HR 应在企业举办整体的培训活动，为企业培养人才。当员工通过一定的培训，提升了自身的能力以及专业技能后，便可以有效地提升工作效率，成为企业的储备力量。

4. 对人才进行合理的管理。

HR 能够为公司培养人才，而自我的人才培养可以为企业省掉一大笔请外聘的成本，这样的自给自足，不仅会提升企业自身的整体能力，大大地提升企业的核心竞争力，也会减少人才流失。

5. 对薪酬进行合理的评估。

对于员工来说，获得合理的报酬是最重要的，但是什么样的薪酬最为合理，就需要 HR 进行分析与评估——当员工完成了自己的工作之后，就可以得到相应的报酬；而没有完成工作的员工，就应该酌情对其薪酬进行扣除。

HR 还需要对没有积极性的员工进行惩罚，对于超量完成任务的员工进行嘉奖，要做到奖罚分明，这样才更容易留住人才。而且，薪酬的评估体系也可以作为是否给员工升职加薪的主要依据，还能够从中了解到员工的日常表现。这些都是 HR 所带来的作用，从新员工的入职再到离职，一直都在起着作用，不能被忽视，也不能缺少。

企业通过 HR 对各个部门、各个岗位的员工进行合理管理，可以第一时间淘汰不合格的员工，留下优秀的员工，使企业有更好的发展，使员工为企业做出更大的贡献。

下面就让我们一起翻开这本书，系统、全面地了解一下资深 HR 究竟是如何炼成的。

目 录 Contents

第 1 章 人力资源管理概论 / 001

1.1 认识人力资源管理 / 001

1.1.1 人力资源管理的核心 / 002

1.1.2 人力资源管理的主要内容 / 004

1.1.3 人力资源管理的基本理论 / 007

1.2 了解职能部门 / 008

1.2.1 人力资源部都有哪些职位 / 008

1.2.2 人力资源部的职责 / 010

1.2.3 人力资源部的工作流程 / 013

1.3 组织结构 / 015

1.3.1 组织架构 / 015

1.3.2 层次结构 / 016

1.3.3 部门结构 / 018

1.4 人力资源相关制度及制定方法 / 021

    1.4.1 管理制度及制定方法 / 021

    1.4.2 劳动制度及制定方法 / 023

第 2 章 招聘与入职管理 / 027

2.1 招聘准备工作 / 027

    2.1.1 了解招聘流程 / 027

    2.1.2 制订招聘计划 / 028

    2.1.3 选择招聘渠道 / 029

    2.1.4 发布招聘信息 / 030

2.2 招聘后期工作 / 031

    2.2.1 筛选简历 / 031

    2.2.2 组织面试 / 032

    2.2.3 进行复试 / 033

    2.2.4 职业性格测试 / 033

    2.2.5 通知录用 / 034

    2.2.6 试用期工作评估 / 035

2.3 入职管理 / 037

    2.3.1 员工入职流程 / 037

    2.3.2 办理入职手续 / 039

    2.3.3 签订劳动合同 / 041

    2.3.4 档案管理 / 041

第 3 章　培训与试用管理 / 045

3.1 了解培训 / 045

3.1.1 培训的定义及作用 / 045
3.1.2 培训流程 / 049
3.1.3 培训形式 / 049
3.1.4 需求分析 / 050

3.2 培训管理 / 050

3.2.1 培训管理原则及流程 / 050
3.2.2 制订培训计划 / 052
3.2.3 设计培训课程 / 053
3.2.4 培训资源的开发与利用 / 053
3.2.5 促进成果转化 / 055
3.2.6 效果评估 / 056

3.3 试用管理 / 056

3.3.1 试用管理原则 / 056
3.3.2 明确新员工试用期限 / 057
3.3.3 明确新员工试用期职责与权限 / 057
3.3.4 新员工转正程序 / 057

3.4 试用期内辞退或辞职 / 059

3.4.1 新员工试用期内辞退 / 059
3.4.2 新员工试用期内辞职 / 060

第 4 章 离职与调动管理 / 061

4.1 离职管理 / 061

4.1.1 离职流程及制度 / 061

4.1.2 办理交接手续 / 063

4.1.3 档案管理 / 063

4.1.4 工作证明管理 / 064

4.1.5 分析离职原因 / 064

4.2 辞退管理 / 065

4.2.1 辞退员工原则 / 065

4.2.2 辞退员工流程 / 066

4.2.3 说明辞退原因 / 066

4.2.4 应对员工不同反应 / 067

4.2.5 下发辞退通知 / 068

4.3 职位调动管理 / 069

4.3.1 调动制度及制定方法 / 069

4.3.2 平级调动管理 / 070

4.3.3 晋升管理 / 071

4.3.4 降职管理 / 071

第5章 绩效与考核管理 / 073

5.1 绩效管理 / 073

5.1.1 绩效、绩效考核与绩效管理 / 073

5.1.2 绩效管理的定义与作用 / 074

5.1.3 绩效管理流程及原则 / 075

5.1.4 制订绩效管理计划 / 076

5.1.5 绩效管理的实施 / 076

5.1.6 数据收集与分析 / 077

5.2 绩效考核管理 / 077

5.2.1 绩效考核流程及指标 / 078

5.2.2 绩效考核形式 / 078

5.2.3 绩效考核主体 / 080

5.2.4 绩效考核管理机构 / 080

5.2.5 绩效考核反馈 / 081

5.3 考勤管理 / 082

5.3.1 考勤管理流程及原则 / 082

5.3.2 考勤打卡管理规定 / 083

5.3.3 统计员工考勤情况 / 083

5.3.4 加班、出差及休假的考勤管理 / 084

第 6 章　薪酬与福利管理 / 089

6.1　了解薪酬管理 / 089

6.1.1　薪酬的概念与分类 / 089
6.1.2　薪酬管理的定义及作用 / 090

6.2　薪酬管理 / 091

6.2.1　薪酬水平管理 / 091
6.2.2　薪酬外部竞争性管理 / 092
6.2.3　薪酬满意度管理 / 093
6.2.4　薪酬结构设计管理 / 094
6.2.5　薪酬形式管理 / 095
6.2.6　特殊岗位薪酬管理 / 096
6.2.7　薪酬发放管理 / 097

6.3　福利管理 / 098

6.3.1　企业福利的组成与常见类型 / 098
6.3.2　企业相关的福利制度和规则 / 099

6.4　社会保险 / 099

6.4.1　社会保险的组成 / 099
6.4.2　社会保险的参保流程 / 102
6.4.3　社会保险的补缴流程 / 102
6.4.4　社会保险的注销流程 / 103
6.4.5　医疗保险转出与转入 / 103

目录

6.4.6 失业保险金申领流程与期限 / 104

6.4.7 工伤认定流程与补助 / 105

6.4.8 养老保险跨省转入与转出 / 105

6.5 住房公积金 / 106

6.5.1 住房公积金的开户 / 106

6.5.2 住房公积金的信息变更 / 107

6.5.3 住房公积金异地转移 / 107

6.5.4 住房公积金汇缴、补缴与缓缴 / 108

第7章 员工身心健康管理 / 109

7.1 员工身体健康管理 / 109

7.1.1 常见的职业病 / 109

7.1.2 职业病认定 / 110

7.1.3 职业病预防 / 111

7.1.4 防护措施管理 / 112

7.1.5 工作环境管理 / 113

7.1.6 员工职业病档案管理 / 113

7.1.7 员工定期体检管理 / 115

7.2 员工心理健康管理 / 116

7.2.1 员工出现心理健康问题的表现 / 116

7.2.2 工作制度管理 / 117

7.2.3 减压管理 / 118

7.2.4 帮助员工找到自信 / 119

7.2.5 建立申诉机制 / 120

7.2.6 员工心理档案管理 / 121

7.2.7 心理援助管理 / 121

7.2.8 提升员工满意度 / 122

第8章 成本控制管理 / 125

8.1 了解人力成本 / 125

    8.1.1 招聘成本 / 125

    8.1.2 培训成本 / 126

    8.1.3 用工成本 / 127

    8.1.4 离职成本 / 127

8.2 人力成本控制 / 128

    8.2.1 编制人力成本预算 / 128

    8.2.2 人力成本预算的执行与考核 / 130

    8.2.3 招聘成本管理 / 132

    8.2.4 培训成本管理 / 133

    8.2.5 用工成本管理 / 134

    8.2.6 离职成本管理 / 135

8.3 人力资源优化配置 / 136

    8.3.1 优化组织结构 / 136

    8.3.2 优化工作流程 / 138

8.3.3 提升员工工作质量 / 140

8.3.4 建立员工素质模型 / 140

第9章 劳动关系与风险防范管理 / 143

9.1 了解劳动关系与劳动合同 / 143

9.1.1 什么是劳动关系 / 143

9.1.2 什么是劳动合同 / 144

9.1.3 什么是劳动关系管理 / 145

9.1.4 什么是劳动合同管理 / 146

9.2 劳动关系管理 / 147

9.2.1 劳务派遣用工管理 / 147

9.2.2 劳动安全卫生管理 / 149

9.2.3 员工处分管理 / 149

9.2.4 劳资纠纷管理 / 151

9.2.5 劳动争议管理 / 152

9.2.6 工伤管理 / 153

9.2.7 员工申诉机制管理 / 154

9.3 劳动合同管理 / 155

9.3.1 劳动合同的日常管理 / 155

9.3.2 劳动合同续签管理 / 156

9.3.3 无固定期限劳动合同管理 / 159

9.3.4 劳动合同变更及终止管理 / 161

9.4 常见用工风险管理 / 163

9.4.1 招聘环节风险管理 / 163

9.4.2 日常生产风险管理 / 165

9.4.3 员工培训风险管理 / 166

9.4.4 员工离职风险管理 / 167

9.4.5 竞业限制风险管理 / 168

第10章 Excel 在人力资源管理中的应用 / 171

10.1 了解 Excel 在人力资源管理中的作用 / 171

10.1.1 Excel 对人力资源管理的重要性 / 171

10.1.2 数据源表格与报表表格 / 172

10.2 Excel 的规范操作 / 173

10.2.1 表格结构的规范操作 / 173

10.2.2 工作表内容的规范操作 / 179

10.2.3 表格存储的规范操作 / 183

10.3 用 Excel 建立招聘信息表 / 186

10.3.1 招聘流程表格的建立 / 186

10.3.2 招聘需求汇总表的建立 / 190

10.3.3 应聘人员信息表的建立 / 192

10.3.4 招聘成本相关表格的建立 / 194

10.4 用 Excel 建立员工信息表 / 195

10.4.1 员工信息登记表的建立 / 195

10.4.2 员工岗位异动表的建立 / 197

10.4.3 员工各项信息的统计 / 199

10.5 用 Excel 建立培训数据表 / 207

10.5.1 培训数据表格的建立 / 207

10.5.2 员工培训档案的建立 / 209

10.5.3 培训讲师信息表的建立 / 210

10.5.4 培训计划完成统计表的建立 / 212

10.5.5 培训成本表的建立 / 214

10.5.6 考核情况统计表的建立 / 215

10.6 用 Excel 建立其他表格 / 216

10.6.1 工资发放表的建立 / 216

10.6.2 休假数据统计表的建立 / 218

10.6.3 加班时长统计表的建立 / 219

10.6.4 提成、奖金的统计表的建立 / 220

参考文献 / 223

第1章
人力资源管理概论

1.1 认识人力资源管理

　　HR作为一门新兴学科,诞生于20世纪70年代末。HR通常是指对企业内部与人力资源相关的各项活动的规划和管理,以及对人力资源政策的设计。具体来看,其主要工作就是根据整个企业的发展规划,然后制定相应的人力方面的战略目标,而其中则包括了对企业新员工的招聘、选拔工作,以及对员工技能的培训和薪酬、绩效等的后续管理。除此之外,HR还需要对企业的员工进行流动管理、关系管理、安全与健康管理等人力资源方面的管理与规划。

　　纵观古今,早在几个世纪之前,人们就已经开始对人事方面的管理有了重视,而现代的HR是一个新概念,它是在传统人事管理基础上进行的开拓。从时间轴来说,由18世纪末开始的工业革命,持续到20世纪70年代,这段时期也就是传统的人事管理阶段。而从20世纪70年代末开始,传统的人事管理产生了变化。为了推动企业的持续发展,并实现企业的战略目标,人事管理中对于人才选拔、招聘等,开始采取现代化的管理方法,在企业内部进行有计划、有组织,并且协调发展的管理活动。

说到底，HR 是以"人"为中心的，通过使用各种管理工具将管理程序运用于人力活动中，再根据组织的发展要求，制定各种措施，使人力资源能够发挥最大效用的过程。

在现代企业和经济的发展中，人才是至关重要的资本，其潜力能够决定企业未来的发展动向和收益。并且，在经济发展愈来愈迅速的当下，企业人才招聘之间的竞争越来越大，对人才的选拔也需要有更加合理、有效的制度和规矩，而不能盲目地进行人才输出。因此，如何有效地吸引人才、留住企业需要的人才，就是 HR 所需要做的。

1.1.1 人力资源管理的核心

关于 HR 的核心，究竟是人还是企业的资源？对于传统的 HR 来说，将正确的人放在正确的位置上，并用恰当的方法来促使对方为公司做出正确的事情，这便是传统 HR 的核心，而如今人们已经对人力资源进行了转型、突破，更加尊重员工们的意愿和能力。

在 HR 现代化的转型过程中，对"人"更为注重的同时，也逐渐加大了对员工作用的重视，即员工所能够带来的企业效益和能否发挥有效作用等方面，针对员工在工作中的效率和整体能力有着越来越高的要求。在这一前提下，如果企业急于促进员工的成长，却忽略了企业的发展是要靠整个组织结构去支撑的，那么企业的发展必然会受到限制。

对于不同行业的 HR 而言，必须定位好自己企业的核心人才，并与之对应设计出一套对企业核心人才行之有效的激励、培养机制和制度，从而来确保企业的业务发展能够同其人力资源的供给状况、人力资源的管理水平保持一个良性的发展趋势。

然而，对于不同行业而言，其核心人才的能力也各不相同，HR 的工作重点也各不相同。就制造行业来说，它的核心人才是制造研发人员，以及营销人员。那么企业能否研制出一件好的产品，以及能否将其成功卖出去，对制造行业来说至关重要，在某种程度上也决定了该企业未来能否做大做强。

因此，在制造行业中，研发人才和营销人才一直是被市场火热争夺的对象，那么需要制造行业的 HR 高度重视的问题，就是如何保留并激励研发人才和营销人才。

对于服务行业来说，它的核心人才基本上都是市场的开发人员，以及能友善地对客户进行服务的人员——让客户选择企业的产品去消费，并能够让客户产生"物超所值"，能够有回头客产生的消费体验。因此，市场的开发人员和服务人员很难会被淘汰或过时。

对于 IT 行业来说，它的核心人才是程序开发人员和程序架构的设计人员。他们的存在对整个企业都是至关重要的，是 IT 行业存在和发展的价值所在。而如何激励和保留这部分人才，便是所有 IT 企业里最为让人头疼的事情。由于行业自身的特点，大多数的 IT 人才基本上都是"宅男"类型，他们对于生活中的琐事无暇顾及，对自己的专业能力极为看重。

于是在外人眼中就看到了很多奇怪的现象：IT 公司的员工带着宠物上班，公司内的各种设施极其纷杂，下楼的时候甚至可以直接坐滑道下去。这类公司在充满了趣味性的同时，也提出了更加具有挑战性的研发任务，这些都是为了给员工们创造出一种较为舒适的工作环境，营造让人放松的工作氛围，这样不仅可以激发他们的工作激情，在一定程度上还可以提高他们的工作效率。

对于贸易行业来说，它的核心人才是营销人才和采购人才，一个负责"卖"，一个负责"买"；一个能够为公司创造利润，一个能够为公司降低成本。这样和谐的状态，才能够使贸易企业不断发展、壮大。

随着互联网技术的成熟与发展，移动互联网的发展也愈发的强势和快速，贸易行业也已经随之发生了巨大的改变。如何在互联网时代，完美地借助互联网技术、手段等来提高企业的营销效率，并且降低企业采购的成本，是摆在所有贸易企业面前的重要问题。而这就需要贸易企业的营销人才和采购人才发挥作用，只有他们不断突破瓶颈，企业才有可能实现借船出海。

总而言之，不管是针对哪一个领域的企业，都需要根据其核心人才制定一套具有可操作性的"选育用留"的体系，这也是实现人才管理的基础。

1.1.2 人力资源管理的主要内容

关于HR，从本质上来说，其是在现代化管理的基础上，对企业所选定的人才进行合理的培训、组织以及恰当的调配，使人才和企业的岗位能够保持最佳的状态。同时，HR还要充分地发挥人才的主观能动性，对企业人才的思想、心理和行为进行正确且恰当的诱导、控制以及协调，做到人尽其才，事得其人，人事两相宜，从而来实现企业组织的最终目标。

那么，HR的主要工作内容应该包括哪些方面？在不同的国家也有着不同的看法，就我国企业管理的角度来看，主要分为了以下几个方面：

1.企业组织结构设计和职务分析。

组织结构设计是指对企业内的结构进行设计、规划。具体来说，就是有效地把企业内组织的责任、任务、权利以及利益等进行组合并协调的活动，同时它也是HR的一项重要职能。组织结构是实现企业目标的载体，若想为企业创造财富或者实现企业的经济效益，便需要把人才、物资、财力等资源要素通过组织结构这一形式有效地结合起来。

职务分析又称为工作分析。也就是说，企业的HR需要对企业中特定的某些职务作出明确的规定，并且规定这一职务需要有什么样的行为的一个过程。职务分析是HR最基本的内容环节，无论是谁，如果想要做好HR的工作，必须事先了解清楚企业中各种职务的特点，以及能够胜任各种职务的人员的特点，否则管理工作不仅会无从下手，还会浪费时间和资源。

2. 制定人力资源管理的战略规划。

企业是随着市场环境的发展变化而变化的，为确保企业在市场环境中能够达到自己的经营目标，便出现了HR的战略规划。它是根据企业内现有的人力资源状况，提前对企业未来的人力资源需求以及供给进行预测，并制定出与之相应的人力资源战略规划，从而确保企业的未来人力资源需求。

制定优质的人力资源战略规划，能够使企业在经营中规避许多风险，帮助企业减少不必要的损失，同时保障企业能够拥有平稳、有效的市场经营环境。

3. 企业员工的招聘、甄选以及录用。

为企业进行员工的招聘、甄选和录用是HR工作中的基本环节，也是企业管理中一个非常重要的环节。对企业人员的招聘，就是在众多候选人中筛选合适且有潜力的人员，并吸引对方成为企业的一员；而对员工的甄选就是HR通过一定的技术以及测试手段，对候选人的综合能力进行测试，层层选拔之后，再根据岗位的需求最终确定出合适的候选人。

4. 员工的教育和培训。

对现代企业来说，员工的教育、培训和再发展是企业发展中的一个不容忽略的环节，对员工的教育以及培训也是企业能够营造核心竞争力的关键因素。对员工的教育主要是通过企业内部的培训或者社会培训等方式，来提高员工的思想、技能、文化素质等。

5. 企业的绩效考评。

在企业内部工作中，常常会有定期的员工绩效考评活动，这不仅是对企业整体绩效的管理和规划，同样也是测评一个员工工作能力的重要方式之一，在企业中有着很重要的地位和作用。通常，绩效考评又会被称为绩效评估或者绩效评价。

绩效考评包含两个方面的意义：

首先是指在某一时期内，HR 对员工的工作成绩、效果进行一定数量以及质量的分析，并做出评价，又称为"考绩"。其中的工作绩效指的是员工经过 HR 考评的工作表现、成绩以及效果。准确来说，考核指的是进行定量或者定性的评定、磋商和估算。

其次，绩效考评的另一个方面是指对企业员工的绩效管理。HR 不仅要明确员工的绩效考评的目标以及衡量的指标，而且还需要设立合理、完善的绩效监控的关键点以及绩效信息收集、反馈的渠道，并对照考核目标与结果，不断地找出彼此之间的差距，从而进一步明确员工的下一个阶段的绩效目标和改进目标。

6.员工激励以及员工福利。

对企业的员工进行激励是 HR 的一个重要职责。对员工进行激励能够激发他们的工作动力，充分调动他们工作的积极性、主动性和创造性。积极、正确的激励能够使员工的心理始终保持兴奋的状态，并且能够持续维持高昂的工作热情。通常来说，激励的水平越高，员工工作越努力，随之能够取得的成绩也就越突出，能为企业发展带来很大的效益。

员工福利是指企业向员工提供的免费或者减费的服务以及生活消费。发放福利能够使员工在其原有的工资基础上以及不增加个人成本的前提下，使其物质生活得以提高。同时福利还有广义和狭义之分，广义上的福利指的是所有能改善人们物质或者文化生活的公益性事业，以及为之采取的相应措施；狭义上的福利指的是社会保障体系中除去社会保险、社会救济、社会扶贫等，能够改善人民物质与文化生活的公益性事业，以及为之采取的相应措施。与员工福利不同，这些福利被称为社会福利。

7.员工的劳动保护以及劳动保险。

企业要想加强人员方面的管理，就必须不断地建立和健全劳动保障制度，必须对员工进行必要的安全生产以及安全技术的教育，这样才能够切实地保障员工的安全与健康。

8. 员工的档案管理。

HR应该对企业员工的个人资料以及日常生活中的工作业绩、工作表现、给予的工作报酬、自身的工作主动性以及职位的升降、奖惩、参加过的教育和培训等方面的档案及资料进行妥善保管和整理。

9. 人力资源管理的会计工作。

关于HR的会计工作，是指企业的HR与会计部门相互合作，建立起较为完善的人力资源会计体系，方便开展人力资源的投入与产出效益的核算工作。人力资源会计工作的进行不仅可以改进HR的工作，更重要的是它能够为决策部门提供更加确切的量化依据。

1.1.3 人力资源管理的基本理论

关于HR工作的基础内容已经进行了讲述，如果在其基础之上延伸、扩展，便能得出HR工作的基本理论，在企业中最重要的有以下两点：

1. 企业管理中的人性观。企业的HR，说到底也就是针对人而做的管理，无论是对企业员工的管理、约束，还是相关制度的制定，都是通过人来决定HR工作的方式、方法。

2. 激励理论。由于人的工作能力有其基本的定性，在短时间之内很难发生大的变化，除去怠惰的负面变化，能力的突飞猛进也是十分罕见的。同时，在很大的程度上，员工的工作态度一般都取决于他们工作绩效的高低。因此，如何能够激励、激发员工的工作热情，有效地调动他们的工作积极性和主动创造性，就成了HR所需要解决的关键问题。

除了上面讲述的最基本的两条理论，关于HR工作的理论还有十条较为经典的，分别是：需求层次理论、期望理论、双因素理论、公平理论、人际关系理论、挫折理论、权变理论、影响决定论、双因模式论、强化理论。这些理论都有着自己的论点、论据，都是为人力资源、企业管理的理论能够进一步深化和丰富而提出的，其目的都是协助企业的 HR 工作能更加完善、有效地开展和进行。

1.2 了解职能部门

1.2.1 人力资源部都有哪些职位

总体来说，企业里的人力资源部都会设有总监、经理、主管、专员等重要职位。如果细分其职位将会更加全面，其中包括人力资源总监、人力资源经理、人力资源专员、招聘主管、员工培训与发展主管、绩效考核主管、薪酬福利主管、薪酬分析师等岗位。

1. 人力资源总监。

大部分的总监似乎都像是诸葛亮一般，总能在最及时的时候对事情出谋划策、指点迷津。人力资源部门的总监同样也不例外，除了要在公司需要或者会议的时候，对公司的整体状况以及所存在的问题提出合理化的建议，还要负责本部门的事务管理和规划，对公司的人力资源进行开发、指导以及组织建设。

2. 人力资源经理。

对于经理的职位人们似乎并不太陌生，其与总监的职责相似，负责协助总监或上级处理公司的人力资源状况，以及建设和完善组织架构，协助总监对公司人力进行开发，以提高人力资源部门的整体效率，保障核心人员不会缺失。

3. 人力资源专员。

等级总是一层一层地划分下来，自总监、经理的下一层便是专员。有时候人力资源部的职务较多，还需要考虑到企业的每个员工，这就意味着需要再分支出专员来负责对上级任务的传达和执行，对企业员工工作进行监督和帮助，能够更好地优化企业的员工管理流程。

4. 招聘主管。

就其字面来看，主管的职位是总览全局的，负责的层面也比较丰富，种类繁多，因此主管的职位也是各种各样。而招聘主管主要针对招聘这一方面，负责制定一些能够供公司实施的招聘计划，协助完成招聘任务。

5. 员工培训与发展的主管。

上面已经简单概述过主管的大致职责，但是不同职位的主管也都有其不同的职能。负责员工培训与发展的主管，需要制订可实施的员工培训与发展计划，通过这种方式来实现公司人力资源培训的目标。

6. 绩效考核主管。

谈到绩效考核，就可以明白这个职位的主管是负责组织和实施包括公司全部员工绩效的评价制度以及年度评价的工作，保证评价工作的及时性以及质量。

7. 薪酬福利主管。

这个职位的主管主要负责协助上级来完成公司内的薪酬、福利等各项日常工作。

8. 薪酬分析师。

顾名思义，薪酬分析师是对企业内部各员工的薪酬分配进行规划和分析的人员，针对不同职位、不同等级的员工来制定出既符合市场标准，又可以让员工乐意接受的薪酬标准。

9. 人力资源信息系统经理。

虽然本职位的职称较长，但其任务并不复杂，主要负责规划、组织、建立、管理以及控制人力资源的信息系统。

10. 员工记录经理。

该经理的任务主要是负责创建并维护公司的员工记录，同时协调员工的绩效评价以及人员的信息等工作。

另外，在某些企业中还会多出几个职位，更加细致地协助、完善公司整体的HR工作，如下：

1. 人力资源助理。

人力资源部门基本上都会有相应的人力资源助理来协助人力资源经理完成企业的人力资源业务。另外，企业内部人员之间的日常事务、问题大多交由人力资源助理处理。

2. 培训师。

公司内基本上都会有培训主管，但是员工种类、职位又各不一样，有时候培训主管无法全面地记住各个职务的培训内容，这时一个专业的培训师就必不可缺。培训师的主要任务就是协同培训主管对企业员工的工作技能进行考察，而后根据大部分员工的问题，以及企业本身在员工管理方面的缺陷进行修改和完善，并制定合理、有效的培训方案，对员工进行专业培训。

3. 培训专员。

对于体系比较大的公司来说，培训专员的存在可以提高培训员工的效率。培训专员主要是负责协助培训主管以及培训师做好培训部门的日常事务工作。

以上便是一个企业人力资源部门内的主要工作职位，每一个不同的职位都有相应的职责。他们的管辖范围各不相同，虽然都所属人力资源部门，却有不同的位置，做好自己的职责是最基本的要求。

1.2.2 人力资源部的职责

每一个部门的存在都有其本职作用，而对于人力资源部门来说，要想做好对其他部门人员的管理工作，首先就需要明确自己的工作职能，同时因为其职能特殊性，还要对各个岗位的责任与权利有明确的了解。另外，在实践中，人力资源部门的结构和各个岗位的职责需要结合其自身的情况来设定。

在上述人力资源部门的职位介绍中,可以看出人力资源部门的岗位也是多种多样的,不同岗位有着自身不同的职责。下面简单地讲述一下关于人力资源部的职责都有哪些。

职责一:企业组织规章制度的拟定或制定。

1. 负责拟定、修改公司的某些规章制度;

2. 负责对公司已经制定的规章制度进行解释和实施、研究分析以及修订等;

3. 负责拟定以及修改各个部门的岗位职责划分的原则或者方法,并对拟定好的条例予以实施和划分;

4. 针对新进入公司的人员、临时或者兼职进入公司工作的人员,以及已经在职且正式工作的人员,负责拟定统筹管理办法;

5. 负责人员管理办法的分析研究、修改、实施及解释;

6. 负责解决、协调、处理与人力资源相关的问题。

职责二:企业人力资源方面的资料管理。

1. 负责收集、调查、分析以及研究有关于人员管理方面的资料;

2. 负责检查、汇编、转呈以及保管有关人员管理方面的资料或者报表;

3. 负责企业内岗位说明书的签办、转呈以及核发;

4. 负责核发部门之外的人员管理资料;

5. 负责对企业内出现异动的对象进行调查、分析以及研究,而后再将调查到的内容进行记录、存档;

6. 负责对各人员的资料进行管理、汇编。

职责三:企业人员的任免、迁调。

1. 负责办理新员工录用手续以及聘用手续的办理;

2. 负责对临时或者兼职以及实习人员进行录用、签约以及职位分配;

3. 负责对在职人员因工作或其他原因而进行的迁调工作;

4. 负责检查并核对迁调人员是否已经到岗并进行工作；

5. 负责对公司内不合格以及不务正业的人员实施停职、停薪留职或者解雇、解聘等工作。

职责四：企业人员的薪酬管理。

1. 负责拟定公司内不同职位、不同等级人员的薪酬标准以及薪酬的管理办法；

2. 负责分析、研究、改进公司内的薪酬管理办法；

3. 负责为勤勉、上进、有功劳的员工办理岗位的晋级以及加薪。

职责五：企业人员的考勤管理。

1. 负责登记并统计在每个工作日中，员工迟到、早退等考勤情况；

2. 负责对公司人员进行动态管理工作；

3. 负责公司内各成员的休假以及整体办公时间的拟定与变更工作。

职责六：企业人员的劳务管理。

1. 在公司的岗位人员缺乏或者核心人才稀缺的情况下，负责招募新的有能力担任职务的企业员工；

2. 负责对新招收的公司人员进行劳务签约以及协议的解释和运用；

3. 负责为企业内的劳务人员缴纳社会保险。

职责七：企业人员的考核以及培训。

1. 负责为新员工拟定恰当的考核制度；

2. 负责对在公司内实习或者新招收进来的员工实施每月或每日的绩效考核；

3. 负责拟定并实施公司对于员工的奖励或惩罚制度；

4. 负责统计以及分析公司内各成员的奖惩事件；

5. 负责对新进入公司的员工拟定以及实施事先制定好的培训、考核计划，同时还要负责对培训、绩效等考核的结果进行汇总分析和评价；

6. 负责对每一次公司培训、考核新员工的方法提供改进建议。

职责八：企业人员应得的福利以及退休福利。

1. 负责拟定以及完善公司内部给予每个成员的福利制度；

2. 负责对公司福利组织的改组情况以及公司福利工作的具体情况进行总结、分析，并且对于存在的问题提供参考、改进的措施及方案；

3. 负责对即将退休的老员工拟定相应的员工退休、抚恤管理办法，给予他们应得的福利和公司规定好的退休资金，有的公司还包含了对抚恤金的发放和管理。

1.2.3 人力资源部的工作流程

通常我们会将HR的主要工作内容分为六大主要模块，而在HR的工作分工中，最离不开的就是对企业现有员工、未来需要的员工进行系统的规划，这样才能将企业HR工作内容的几大模块组合起来，系统化、科学化、合理化地进行管理。

从广义上来讲，人力资源的规划分为长期规划和短期规划。

从狭义上来讲，人力资源的规划主要针对今后企业在人员方面的发展和需求。在企业现今的发展状态和内部、外部发展变化的基础上，预测之后几年企业可能会出现的、对人力资源方面需求的活动规划。

从内容上来讲，将其分为战略发展规划、人事组织规划、制度建设规划以及员工的开发规划和费用规划。

实际上，在HR的日常工作当中，都是把这三种规划结合起来进行使用的。

而为了便于HR的工作标准化，同时确保HR工作能够按照其既定的流程进行，从而减少差错，就要对HR的工作流程进行详细的讲解和分化。表1.2.1是关于HR大致工作流程的清单。

表1.2.1 人力资源部工作流程清单

总流程	二级流程名称（9个）	三级流程名称（27个）
人力资源管理工作流程	人力资源规划的管理流程	人员需求预测流程
		人员供给预测流程
	对工作进行分析的工作流程	宣传动员流程
		员工访谈流程
	招聘员工的工作流程	制订招聘计划流程
		测评流程
		入职手续办理流程
		试用期考核流程
		员工转正流程
		招聘总结流程
		人才储备流程
	员工关系管理的工作流程	劳动合同签订流程
		考勤、请假流程
	员工培训的工作流程	新员工入职培训流程
		在职培训流程
		外派培训流程
	绩效管理的工作流程	绩效计划编制流程
		指导、反馈流程
		实施考核流程
		考核结果应用流程
		考核申述流程
	薪酬管理的工作流程	薪酬设计流程
		薪酬调整流程
	员工异动管理的工作流程	离职流程
		辞退流程
		晋升流程
		转岗流程
	员工职业生涯规划管理的工作流程	

1.3 组织结构

1.3.1 组织架构

对于不同的企业来说,其内部的人力资源管理组织架构也是不相同的,可以根据实际情况灵活调整,见表1.3.1、表1.3.2。

表1.3.1 某企业人力资源管理组织架构示例表

人力资源管理组织架构					
人力资源部经理					
招聘主管	培训与发展主管		绩效考核主管	薪酬主管	员工关系主管
	培训专员	培训讲师			

表1.3.2 某企业人力资源部组织架构示例表

人力资源部							
人力资源部经理							
招聘与培训中心		绩效与薪酬中心			文化与规划中心		
招聘主管	培训主管	绩效主管	薪酬主管	福利主管	规划主管	企业文化主管
招聘专员	培训专员	绩效专员	薪酬专员	福利专员	规划专员	文化专员

综合上述内容可知，无论是为公司进行基础的人才招聘、选拔，还是对公司内部各员工进行工作技能的培训和开发，以及后期每次对公司员工的考核，这些都是HR的基础职能。

为有效促进公司员工的工作积极性，HR还需要为企业员工制定合理、有效的薪酬管理制度，以及绩效管理的手段，在对人员进行充分调动和激励的基础上，提高企业的整体发展水平，并满足企业的持续发展以及对人才的需求。

1.3.2 层次结构

HR会长年累月纠缠在人员事务性工作中，而人如果长期处于同一状态下就可能会对其厌烦，并感到苦闷，觉得此时做的工作并没有什么成就感，只有极少数能够适应下来，接受这种日复一日的进程。其实，每一个岗位都有他们的层次结构，而尽快改变HR的层次结构，便能够解决这种现状。

因此，我们可以把企业的HR分为三个层次结构：事务性人力资源管理、一般性人力资源管理和战略性人力资源管理。然而，无论HR的三个层次有何不同，其最核心、最离不开的就是管理。而这三个不同层次的管理其实是依次递增的状态，从最基础的日常管理开始，持续深入管理，最终实现再向上一个台阶的管理路程。

以下是对上述三个不同层次结构的进一步解释：

1.HR的第一个层次：事务性人力资源管理。

从字面上来看，事务性的人力资源管理工作是最基础的一个层次结构，也就是针对HR工作中的日常事务进行处理，是相对来说比较传统性的一种人事管理结构层次。通常来说，事务性的人力资源管理工作并没有太大的难度，即使是新入职的HR也能够轻松应对。一般来说，该层次的人力资源管理工作包括对公司内部员工每日的考勤情况进行整理、对公司招聘的新员工进行职位分配和手续办理等。

2. HR的第二个层次：一般性人力资源管理。

在一般性人力资源管理的层次中，HR的工作主要体现出了现代化的管理功能，其中又主要包括了两种不同的类型：经营型HR和管理型HR。

（1）经营型HR。

其英文为"BUSSINESS HR"，该类型HR的最大特点就是将人事的管理与企业的经营活动相互结合，而后能够深入地了解以及掌握公司的经营活动，甚至还包括了培训客户、帮助客户成长，如何使客户能够成为企业紧密合作的伙伴等。在帮助业务部门切实解决问题的过程中，经营型HR往往能够获得相应的尊重与存在价值、意义。

在一些大型的企业集团中，下属业务单元的HR的主要功能定位就在于此。

（2）管理型HR。

随着企业管理逐渐走向规范化，管理型HR就需要进入专业化管理的阶段，其具体的表现为：

①企业内开始建立起现代化的人事管理体系。

②HR在特定的领域内能够具备较强的专业能力。

③按专业结构的精细化去运作HR的各个领域。

3. HR的第三个层次，也是最高的一个层次：战略性人力资源管理。

在这个阶段的层次中，HR与企业战略实现了有机结合，具体的表现为：

（1）能够站在与企业经营管理相同的高度上，去思考、审视、监控以及指导企业的人事管理。

（2）将企业的战略管理理念、企业文化充分地贯穿落实到人事管理的领域内。

（3）能够站在战略的高度上，为公司老板提供决策、参谋的意见，同时还可以成为企业决策的重要依据来源之一。

如果想要达到这个层次，不仅需要HR具有丰富的人事管理经验以及丰富的社会阅历,还需要了解或熟知全面的人事管理的能力以及多方面的管理知识,此时,HR在企业经营管理中就具备了不可替代的价值。

1.3.3 部门结构

通常情况下,无论企业大小,人力资源管理部门都会包括招聘部门、薪酬部门以及培训部门。在企业的发展过程中,这些部门都有着举足轻重的地位。

而在中型、大型企业里,根据其性质的不同,一般都会设立一个人事部、一个财务部、一个业务部,另外还会有综合部或者行政部门等。其中人事部门应该主要是为公司内部人员服务,而业务部主要是对外开展业务,可能包括人力资源的外包工作及业务洽谈等。

下面以四种不同规模大小的企业为例,简述不同大小企业中HR的部门结构的设计:

1. 特大型企业的HR部门结构设计。

所谓特大型的企业,首先企业的业务规模就要足够大,其次企业内部的员工数量要足够多,最后企业的地域跨度要足够大。同时,企业的业务是多元化的,能够横跨业务链条的多个领域,甚至是经营整体产业链。

因此,为了保证公司内部各种业务的正常运行,并支撑整个公司对外的经营状况,就需要分层管制,也就是划分等级来对公司进行管理和控制。这种方式不仅能够使管理工作更加条理化、分层化,还能够有效地进行人事调控。

根据上述内容可以看出,特大型企业的HR部门结构设计,除了前文提及的招聘部门、薪酬部门和培训部门,具体的还应该有组织构架部门、员工关系部门。下面介绍这五个部门的性质和相关职责。

(1)招聘部门,顾名思义就是对公司人员招聘工作进行管理的部门,当然其中并非只包括招聘这一项,还包括对新员工入职手续的办理工作,以及试用期过后的转正工作等。

（2）薪酬部门，也称为劳务部门，是根据相关薪酬制度，结合员工岗位、每月绩效考核等信息进行整体的汇总、计算后，再加上员工个人提成、公司福利等，最终总结出员工当月薪酬并为其发放的部门。

（3）培训部门，通过字面意思就能看出，该部门主要是对公司员工的技能和知识进行培养和提升，针对员工存在的不同问题来制订合适的人才培训计划。

（4）组织构架部门，主要是对公司人员组织结构进行整体设计，其中还包括人事变动和调整工作。

（5）员工关系部门，往往是可以与薪酬部门合并的部门，主要是针对员工关系的处理，以及人员材料、档案的整理和维护。

2. 大型企业的HR部门结构设计。

与特大型企业有所差距，大型企业是指在一个地方开展经营的、人员数量众多、产值较高的企业，就像那种大型的制造类企业以及进出口贸易类企业等，都需要有大量的职工聚集在一起进行运营和工作。

从公司的整体角度来看，为了能够管控好各个部门的人员，以及做好HR工作，该类型公司的HR部门结构设计基本上比较注重两个方面：一方面就是对人员管理各项制度的完善和严格要求；另一方面就是根据公司的实际情况，进行务实的操作管理。

所以，根据以上内容的整理、总结可以看出，该类型公司的HR部门结构分别是制度管理类型的部门和务实操作类型的部门。而在其基础之上，通常会根据不同业务范畴再设立一些管理职务的专业科室，如培训科室、劳务科室、人事科室等，同时还可以与其他的科室合并，或设立单独的科室来统筹监控。

3. 中型企业的HR部门结构设计。

按照前面叙述的标准，中型企业是指已经没有生存之忧，即已经踏上发展正途，且具备了一定的规模，健全了各项管理制度的企业。

一般来说，这一规模的企业，HR不会涉及企业的策略性工作，即便对其有策略、规划等方面的要求，也会由公司的决策层、决策委员会代替进行。

基于上述的内容，中型企业的HR部门结构设计一般不会像大型企业那样划分小的科室来进行管理，而是按照组来进行整体划分。例如，招聘部门会同薪酬部门以及员工关系部门分别作为组，然后将其他剩余的工作合并在内即可，组内人员的数量不宜太多，一般在5~10人之间。

其实，中型企业按照组进行划分是从公司的整体HR成本来考虑的。该类型企业的HR还达不到专业化程度，而按组的方式能够更好地对企业进行整体调度。例如，校园里一年一度的招聘工作，可以安排全组成员共同去参与。

4. 小型企业的HR部门结构设计。

小型企业通常可由单个人或少数人提供资金组成，其雇用人数与营业额皆不大，因此在经营上多半是由业主直接管理，受外界干涉较少[①]。

一般情况下，为了能够体现企业的整体效率，并积极开展企业的业务内容，小型企业不会像上述的几种企业一样设置HR部门结构，而是根据企业的实际状况来进行部门结构设置。因此，小型企业的HR部门结构设计是在能够实现各部门工作量的基础之上，将企业的行政部门、管理部门等都与HR部门结合在一起。

所以，可以看出小型企业对于HR的技术要求和专业化要求并不是很高，但是针对人员沟通以及自身工作阅历和经验方面的要求比较高。也就是说，相比上述企业，小型企业更加看重HR在企业管理过程中对人的要求。

综合上述的几种不同类型的企业，对于HR部门结构的设计基本上都不一样，但也有相通之处。例如，某集团企业的母公司的HR部门结构可以参照上述所说的特大型企业、大型企业的模式来设计，而旗下的分公司、子公司，可以根据其不同的规模，分别参照中型企业、小型企业的部门结构模式设计。

---

① 胡志民：《经济法》，上海财经大学出版社2006年版。

所谓工欲善其事，必先利其器。只有根据企业自身的特点设计相应的HR部门结构，配置不同部门适宜的人才，方能使得HR有效地发挥出自身应有的作用，从而保障和促进企业长期、稳定发展。

1.4 人力资源相关制度及制定方法

1.4.1 管理制度及制定方法

其实，HR比较犯愁的都是公司人力资源方面的管理制度，在埋怨他人只能效仿、没有特点的同时，自己却又无法独辟蹊径，所以就给他们造成了很大的困扰。因此，HR在制定相关规定、制度时，不但要考虑国家现有的法律法规，更要顺应时代的发展和公司的制度要求、实际所需，以此制定符合现代化企业要求的管理制度。

以下四点是HR制定制度的四项基本原则：

1. 在制定人力资源配置制度的时候，必须要结合企业的实际情况，符合企业的意愿和范围。

2. 制定的制度不可以是独裁的霸权主义，需要接受企业内部所有员工的监督，按照正确的程序进行，保证公平、公正、公开。

3. 制度的制定需要符合市场的导向，保持管理的责权一致。

4. 不实行裙带式的家庭、友人式的内部霸权制度，要以员工自身的绩效考核为主，不徇私舞弊、攀亲戚，保证考核的公平和薪酬制度的完善。

HR制定相关制度，不仅仅是为了更好地管理各层员工，更是为了企业能够实现长期发展，并为实现企业的未来规划奠定基础。同时，"没有规矩，不成方圆"的约定俗成早已在整个社会中体现出来，合理的管理制度不仅能有效解决人力方面的各种问题，还能体现出企业的价值观，在员工中也更容易实施。

说到底，HR制定相关制度，是对企业整体发展的促进和约束，是监督其往好的方向发展的重要管理体系，同样也是管理员工，协调各部门发展和协作的枢纽，是保障HR工作有序进行的重要前提。

根据企业管理中各项制度制定的要求和方法，必须要注意以下几个方面：

1. 必须合法、合情、合理。

制度的制定一定要结合企业的实际情况。在合法前提下，制定既能维护员工的权益，也能保护企业的权益，目的明确、适用范围明确，并且大多数员工都能接受、乐意遵守和执行的制度。

这样才能使得制定的制度在法律层面站得住脚跟，且对大多数员工能够起到激励性作用。

企业在发展、经营管理方面也是会不断变化的，所以好的制度也应根据其情况不断地修正和完善，以确保制度的有用性和有效性。

2. 必须注重系统性和配套性。

制度的制定都是围绕着企业的战略目标来进行的，也就是说必须与企业的战略目标相配套，并且形成一个系统。所以，HR制定的制度一般包括：基本的人事制度、企业组织设计管理制度、人力资源招聘管理制度、员工培训管理制度、员工绩效管理制度、员工薪酬福利管理制度等。

3. 必须保持先进性、前瞻性。

制度的合理化、人性化、先进性等特征十分关键，是制度能否长久执行的保障，而且能够有效避免朝令夕改的情况，使制度能够满足企业改革和发展的需要。

1.4.2 劳动制度及制定方法

从近几年劳动仲裁案件中可以看到，企业因为规章制度的不健全、不完善、程序不合法以及执行不到位等原因，致使企业在处理劳动争议案件中总是会处于不利的地位，从而承担相应的法律责任。

为了能够更加合法、有效地保护企业的合法权利，就需要HR能够合法地应用法律、法规，正确制定公司的劳动制度，规范好企业的规章制度，从而使企业的合法权益得到保障。

企业劳动制度的制定需要合法化、规范化。根据《中华人民共和国劳动合同法》规定：用人单位应当依法建立和完善劳动的规章制度，保障劳动者能够享有劳动权利、履行劳动义务。按照法律的规定，企业有依法制定劳动规章制度的权力。但企业制定的劳动规章制度要做到合法、规范、有效，就必须满足以下这三个条件：

一是程序必须合法。涉及员工切身利益的规章制度，企业要进行协商，并由员工代表共同参与讨论，最后经过员工大会或员工代表大会通过方可实施。经过上述的民主程序通过的企业规章制度，将受到法律的保护，同时也是劳动保障法规体系的延伸和拓展。未经民主程序仅是老板个人意见而制定出的制度，是得不到法律的支持的。由这种"一言堂"形成的规章制度，将成为无效的制度。因为这种无效制度给劳动者带来利益损害的，将由企业自己承担赔偿责任。

二是内容必须合法。法律的制定不仅是为了维护社会治安，在企业经济中也起到了规范作用，企业在制定内部规章制度时，也需要同相关法律相适应。比如，企业规定社会保险由员工自己交纳，职工违反操作、规程后所造成的后果自负，以及公司里的女员工怀孕后便立即辞退等现象都是违法的规定，皆属于无效条款。企业应当结合具体的情况，然后再根据自身生产、经营的特点，制定相关的规章制度。这样既便于企业的管理，也便于员工履行，切不可无章可循。

三是履行告知义务。企业对已经通过民主程序制定的劳动规章制度，要在公开的场所进行公示，或者在企业内部网站进行发布。员工较少的企业可组织集中的学习培训，并记录相关信息，如培训的时间、地点、内容、人员等，接受培训后需要员工本人签名。除此之外，还可以制作成员工手册发放给每位员工，凡是领到手册的员工要求本人签名。规章制度的制定过程，既要体现民主程序，也要遵循法定程序，让劳动者充分享有参与权和知情权，同时有效调动员工的积极性，增强企业的凝聚力和亲和力。

企业制定的规章制度需要根据其生产、经营的特点，要有针对性，同时也要从员工的切身利益出发，方便员工履行。而涉及员工切身利益的规章制度主要包括以下几个方面：工资分配制度、考核制度、休息休假制度、质量考核考绩制度、安全生产制度、保险福利制度、劳动纪律、员工培训、奖罚制度、工时制度、加班审批制度、劳资矛盾调处制度等。

而如何保证制度实施能够有效，关键是要执行，有了制度不执行，那就只会是一纸空文。企业制度无人执行，企业的发展将会无序前行，最终损害的是企业自身的利益。

HR在执行规章制度中需要做好日常的检查、考核记录等，按劳动仲裁所言即证据式管理。比如，每月的考勤与员工进行核对后必须签名；工资的支付要事先制作好工资表、注明工资的项目，必须由员工签名；确实需要加班的员工，需要填写加班申请表，在经过批准后方可加班；如果在定期执行制度检查的时候，发现员工有违规行为必须记录在案，并由员工签名、确认，或者将员工违纪的证据、资料进行备案；公司的绩效考核需员工进行确认等。

整体来看，HR在对规章制度执行和管理的过程中，不仅要对员工进行约束以及行为规范，还需要保存企业相关资料，并依法维护公司和员工的权益。

企业的劳动规章制度是指企业为加强内部的劳动管理，让员工能够享有法律规定的权益和义务，按照法定的程序、以书面的形式制定并公布的行为准则。而企业的劳动管理规章制度要产生法律的效力，除了上述的三点之外还必须符合以下要求：

1. 规章制度必须公示并告知。

公示原则是现代法律法规生效的一个要点，即企业的劳动规章制度必须经过公示之后才能生效，未经过公示的劳动规章制度对员工将不具有约束力，也不具备法律上的效力。规章制度的公示一般是采用文件印制的手册，并在规定的场所进行公布等形式来发布的。

由于企业的劳动规章制度只在企业的内部进行使用，并不会为公众所知道，因此，HR需要为内部员工发放该公司的劳动规章制度管理手册，让员工能够了解到更为具体的内容，以确保规章制度的实施。

2. 规章制度必须经过审查备案。

根据国务院《劳动保障监察条例》第十一条规定，劳动保障的行政部门有权对用人单位制定内部劳动保障的规章制度的情况实施劳动保障监察，并且有对用人单位的劳动规章制度进行审查的权力。其实，对用人单位进行审查和备案是防患于未然的选择，能够预防公司存在违法行为，同时也能快速发现劳动制度中可能存在的缺漏，从而保障企业和员工的整体权益，维护企业稳定发展。

第 2 章

招聘与入职管理

2.1 招聘准备工作

2.1.1 了解招聘流程

招聘是指根据工作的需要，运用相应的方法和技术，面试并选择适合企业空缺职位人选的过程。招聘工作的流程，是 HR 必须熟知的。在公司人才缺乏、用工不足的情况下，HR 需要根据用工情况制定相关的招聘规划。

通常，在进行招聘工作时，HR 需要提前准备招聘时所需要的文件、资料，并且选择面试官，保障招聘环节的流畅。但部分 HR 忽略了准备环节，临时抱佛脚的结果就是招聘工作一塌糊涂，很难招聘到合格的员工。

多数企业的招聘流程为：根据不同部门的岗位空缺和人才需求确定招聘信息；制订具体的招聘计划并发布招聘信息；对前来应聘的人员进行甄选；评估、选定合适的应聘者。根据上述流程，HR 可以在其基础上制定更加详细的招聘流程：

1. HR 在收到用人部门的招聘申请之后，需要了解各部门所需招聘人数、岗位信息等；

2. 在了解相关信息之后，拟订基本的人员招聘计划书和流程图；

3. 根据职位的要求限制招聘人员资质，例如有的岗位需要员工工作经验丰富、有相关履历，而有的岗位则对员工的学历、年龄要求很高；

4. 整理好招聘员工的要求之后，需要拟订、核算计划招聘岗位的薪酬；

5. 制定岗位要求，准备通知单或者公司的宣传资料等，提前申请办理的日期；

6. 确定进行面试的场合以及时间，并在相关单位（如当地人才市场）或网站（如58同城）发布招聘信息；

7. 在面试过后确定需要的人员，为其办理试用期的入职手续。试用期过后，如果试用者合格可为其办理录用、转正等方面的手续；

8. 同招聘来的员工签订合同并存档。

当然，一位优秀的HR仅明白招聘的工作流程是远远不够的，下面章节我们将介绍各个环节的详细工作标准。

2.1.2 制订招聘计划

招聘计划是HR招聘工作的第二个环节，主要是规定拟招聘员工的能力、资历等，也是对所需岗位要求的总结。如果公司的新岗位还没有具体要求，就要依据工作的需要来确定、更新以及补充对新岗位的岗位描述。

另外，HR在制订招聘计划的过程中还需要根据招聘要求准备一些材料：

1. 招聘广告，通常需要注明招聘岗位、应聘条件、报名方式、时间、地点、联系方式、所需证件和材料以及其他相关事项。

2. 本企业的基本情况或者公司的宣传资料。

3. 提前打印出《应聘人员登记表》《员工应聘表》《复试、笔试通知单》《复审通知单》《面试评价表》《致谢函》等表格、文件，同时还要准备面试时要问的问题及笔试试卷等。

2.1.3 选择招聘渠道

招聘渠道是决定 HR 能否招收到优秀人才的重要因素。员工的质量会对企业产生直接影响，或是为企业带来利润和效益，或是拉低企业的整体成绩。因此，选择合适的招聘渠道就显得非常重要。

在一般情况下，HR 除了采用在人才市场发放招聘宣传单的方式，还可以通过校园招聘会、招聘软件来进行招聘。相比之前信息技术不发达的时代——只能靠人传人或在报纸刊登招聘信息的方式来进行招聘，现今的招聘渠道已经多种多样。以下是几种不同岗位的招聘方式：

1. 针对企业高层管理人员的招聘，可以选择信息收集能力比较强的猎头公司，以及比较好的招聘网站和软件，此类渠道掌握了大量人员的信息，有较强的针对性。

2. 一般的人员，如办公室人员、销售人员等，常常是大规模、多岗位进行招聘，可通过招聘广告和大型的人才交流会进行招聘，或者通过一些全国知名的招聘网，以及当地的网站就可以满足需求了，并且费用也不高，甚至可以在线上进行招聘。

3. 专业人才、技术人才等，虽然此类人才的需求量不是很大，但是岗位要求高，因此可以通过专业的网站，如汽车人才网、电线电缆人才网、地产人才网等进行招聘。

4. 基础性技术人才，对这类人员的要求通常不高，掌握基础的技术就可以，但是相对来说需求量比较大，使用 58 同城、赶集网、百姓网等招聘软件都是不错的选择。

其实，人才招聘不能全靠等，主动出击才能收获优秀的人才，这就需要HR的专业性够强，否则招聘到的人员的各方面条件也不一定达标。同时，HR还需要每天更新招聘网站，有合适的人员需要及时进行约见。

2.1.4 发布招聘信息

在选择适合公司的招聘渠道之后，HR就可以按照原定的招聘计划进行，将拟招聘人员的信息发布在相应的招聘渠道中。比如对学校里面应届毕业生的招聘，可以通过校内创办的就业招聘会来进行人员招聘。

当然，除了通过人才交流会、在人才市场发放招聘宣传单的方式外，HR还可以通过网络进行招聘，其效果也是非常不错的。虽然没有校内的招聘会招收到的人数多，但是成本相对来说会低一些。而且，诸如客服类的人员，往往更加适合从网上进行招聘。

同时，在人员聚集的社区、广场等地方进行广告张贴、宣传单派送等，也可能会收获到不错的效果。

所以，在一定程度上来说，招聘工作也像是销售工作，HR必须要到外面多走走、多看看，往往那些人才就藏在我们的生活中。招聘人才也要学会主动出击，不论是网上的招聘，还是校内的招聘会、校外的招聘宣传等，都需要主动出击，而不是等着人才自己送上门来。把主动权掌握在自己手上，才有可能为公司招聘到更加适合的人才。

招聘工作作为一种辅助性的工作，其实它的作用在一定程度上是有局限的，最常见的就是，对于企业自身管理水平的不足，是不能完全依靠招聘来进行弥补的。比如公司的薪酬水平偏低、产品销售的难度过大、工作强度也过大，同时部门主管的管理水平还有些偏低、性格古怪等问题，都是无法通过招聘来解决的。即便最终招来了人才，也根本无法把问题解决掉，人才还是很快就会流失。

招聘工作是有规律性的工作，需要通过科学的计划以及有步骤地实施，把握好招聘所需人员的数量和质量。

2.2 招聘后期工作

2.2.1 筛选简历

求职者在进行应聘之前都会准备个人简历，通过自我的言语描述，在他人的脑海里勾勒出一幅人物画像。但是鉴于都是应聘者的自述，所以惯例上应聘者都会把自己最好的一面描述出来，甚至有一些人还会夸大其词。如果应聘者把自己最好的一面描述出来，却依旧让人味同嚼蜡，这时就应该打上疑问号了。

求职者的简历中一般都会有自我评价等相关的内容，这部分的判断就是"仁者见仁、智者见智"了，因为求职者多半会在这一部分对自己进行美化，毕竟谁都想将自己好的一面呈现给别人。HR 在筛选应聘者简历的过程中，其实并不会对应聘者的自我评价过多关注，往往会对其工作经验、学历、薪酬等方面有所要求。毕竟身为 HR 看重的是应聘者自身的能力，以及能否符合且适应公司的岗位、能否为公司带来利益等。

而有些 HR 在查看求职者简历的时候，会着重查看简历的设计、排版等，他们认为这些内容是对应聘者进行评判的重要依据。

无论如何，进行简历筛选前，HR 一定要清楚公司需要的是什么样的人才，这样在筛选简历时才会事半功倍。一般来说，HR 在挑选应聘人员时会将其期望薪酬和公司计划薪酬对比，而后综合简历上应聘者的学历、专业、工作经验等信息，确认应聘者是否能胜任公司所需职位。同时，初步筛选出来的简历也要进行优先等级分类，这样不仅便于企业储备资源，更能确保 HR 不做无用功。

2.2.2 组织面试

在当今时代，能够从简历上反映出来的求职者的信息还是有限的，因此面试的组织就非常重要，它是决定 HR 最终能否招收到适合人才的重要一步。

面试通常都是面对面的，由几个面试官和应聘者通过交流沟通的方式，在面试官事先设置好的问题下进行，从而来进一步考察求职者的能力、素质等，判断其是否能够胜任公司职位的活动。这也是 HR 招聘员工最常用的方法。

面试是 HR 对应聘者进行考察和选择的方式，也是应聘者对公司的环境、条件进行探查的方式，是一项双向选择的过程。HR 在要求求职者具有专业的能力、较高的素养的同时，也要做到尊重求职者、展现企业优秀的风采，所以对于面试的接待以及准备工作就变得很重要。

在完成了简历的筛选之后，面试前 HR 需要做的准备如下：

1. HR 要事先分析清楚公司岗位的需求，在以岗位说明书为基础之上，确定出最重要的几项岗位素质的要求，并需要有针对性地设计好结构化的面试问题。

2. 确定好面试的流程以及面试官的人选，同时，确保每轮的面试官都能留出时间，对于面试的内容和重点进行了解并熟悉。

3. 提前准备好面试的场地和面试的评估表。提前安排好合适的面试场地，不仅能保证面试的顺利进行，也是对求职者和面试本身的尊重。为面试评估准备好标准的表格，在面试官面试之后，就能直接在对应的表格里填写评估意见。

当然，如果面试官的经验不够，则需要进行关于面试技巧方面的培训和辅导。针对不同职位的面试者，HR 也要事先制定好其岗位说明书，针对个人岗位职责制定出相应的标准，让应聘者对号入座。

2.2.3 进行复试

复试多采用一对一或多对一的形式，与已经通过初次面试的应聘者面谈，从而进一步确认面试者的需求与公司的招聘要求是否一致，同时也能够对面试者有更加细致的了解。

由于初始的面试已经通过，代表着应聘者很有可能被留下来工作，至少应聘者的一些基础情况是符合公司要求的。但这并不意味着要求进行复试是多此一举，而是HR想要对应聘者有更进一步的了解，观察应聘者究竟是否适合公司拟招聘的职位。

如果第一次面试是笔试，那么一般进入复试后，HR需要考核求职者在笔试中难以获得的信息。例如，考核求职者的仪表、性格、知识、能力、经验等特征。通过提问题、情景模拟、实际操作等不同的方式对求职者进行复试。

2.2.4 职业性格测试

人的性格是多种多样的，单从表面来看往往看不出来什么结果。在面试的过程中，HR与应聘者之间的交流、接触并不多，因此无法深入地了解应聘者的真实性格。

那么，HR应该如何更好地了解应聘者的职业性格呢？首先HR要明确所招岗位的招聘标准和侧重点，不同的工作对不同人员的素质要求是不一样的；其次HR要选择一款合适的心理测评工具，进行有针对性的测评。以下是可供选择的几种测评方式：

1. 卡特尔16PF测验。

这种测评方式在国际上颇有影响，同时它的信效度也非常高，是一个功能性很强的个性化测试工具,并且在 HR 领域广泛使用。这是由于它具有测试应聘者在面对工作繁杂、任务量大等情况下的承受能力和效率的作用,不仅仅能够用于人才招聘和职业选择,还可以运用到其他的人员素质测试中。

2. MBTI 人格特征分析。

这种人格分析测试的方式已经应用于世界 500 强企业中的 80% 的企业。对于 HR 来讲,MBTI 人格分析是很好的应用,便于了解和掌握员工的人格特征以及性格,可以极大地提高沟通效率。但在这里要强调的一点是,不建议利用 MBTI 分析来做人员的选拔和调配。

3. 大五个性测评。

大五个性测评的 5 个特性要素针对的并不是单一的特征,而是一组非常具体且具有相关性的特征,可以很好地解释员工的工作行为,对其工作绩效有非常强的预测力,可以用于 HR 对人员的选拔和调配。

4. DISC 个性测试。

相对上述的几种测试方式,DISC 个性测试是比较简便的,但又能够分类详细,在近年来还是比较受欢迎的。

这种测试法比较注重实用性,强调从一个人许许多多的行为中,找出他的典型行为方式,因此它主要是从个人的性格、行为上来观察,更针对人的特点进行分析。但是 DISC 个性测试缺乏科学的心理学理论支持,测评缺乏信度,相对比较适合不太熟悉的人之间,可以快速了解对方的言行特点,以及相处之道。

2.2.5 通知录用

HR 发出的录取信函中,通常会在其中写明报到的时间、地点、工作岗位以及薪酬待遇等信息。应聘者收到 HR 的录取通知之后,若决定进入该公司任职,需要在规定时间内前往公司报到,HR 会同应聘者签订劳动合同。

但在《中华人民共和国劳动合同法》中，应聘者与用人单位协商劳动合同的过程，并不属于劳动合同法的范围。所以在司法实务中，因为录取信函而产生的争议，一般被认为应受到《中华人民共和国民法通则》与《中华人民共和国合同法》的约束。因此从实质上来说，HR发出的录取信函是代表公司希望与应聘者建立劳动关系的要约。

一般情况下，录取信函中都会有公司录取对方的岗位、薪酬等基础的几点内容，能够成为劳动双方录取与被录取的内容凭证，但其实HR在发放录取信函的时候，可以以邀请被录取者的方式，尽量将内容简化，并附带声明，来达成双方签订的契约。相对来说，这种方法能够在一定程度上起到保障公司权益的作用，只不过会降低被录取者的接受度。

而那些接受度较高的录取信函，除了注明报到的时间和地点，还会注明被录取者的工作岗位、薪酬待遇、公司要求被录取者出示的文件和资料等，以及其他需要注意的内容。例如，有些HR会要求被录取者携带相关的工作证明、离职证明、专业证书、体检报告等。

另外，为了降低用人风险，HR在给被录取者发出录取信函之前，可以在信函上注明入职后人员管理的条例，以免被录取者任职后发现其捏造虚假履历却无法辞退。

其实，发出录取信函的方式本就是从外企引进的，随着科技的发展已经很少使用了。而且，有很多应聘者是不看录取信函的，因此在通知应聘者被录取时可以不发出录取信函，直接通过电话、邮件、短信等方式进行。

2.2.6 试用期工作评估

对于公司员工来说，定期进行工作评估不仅是对每位员工某段时间内工作的总结评价，也是公司了解员工工作效率的方式。尤其是新入职的员工，企业对他们还不够了解，HR 也不能在短时间内摸清对方的底细，通过工作评估可以更加清楚、直观地了解员工的工作水平和整体素质。

另外，HR 在对员工进行工作评价时必须保持客观、公正的态度，认真地审视每一位员工的绩效、出勤等方面，还要充分认识每一位员工的优点和不足。对于新入职员工也不能过分苛刻，毕竟对方对办公环境、工作内容还不熟悉，难免有做得不好的地方。所以，在对新员工进行工作评估时，可以适当放低标准，客观地评价和考核。

1. 试用期评估的原则。

（1）评估是对试用期员工的工作成绩进行考核的一种方式。

（2）评估的过程必须保持公平、公正以及客观，不能因公徇私，也不能故意针对。

（3）在评估的过程中，应该对试用期员工的工作表现以及工作效果进行客观的考核，不应夹带私人的感情。

（4）每项评估的内容都应该以具体的事实为依据，不能凭空撰写，任意评价。

（5）为了实现在对试用期员工进行工作评估时，更加客观、全面地考察和分析，在进行评估前需要询问同事、主管等人对该员工的看法和评价。

在对试用期员工进行工作评估后，也需要鼓励员工迈向更高的台阶，帮助其树立远大目标。

（6）对评估不合格的试用期员工，应该进行指导和教育；对于评估非常差的试用期员工，可以进行辞退，以免拉低企业的整体效率。

2. 试用期评估的方式。

（1）对试用期员工工作评估时可以通过书面评估，也可以通过面谈评估，还可以两者相结合。

（2）工作评估并非在同级同事之间展开，更不是同事之间的相互评价，而是需要由上级主管对下级员工进行评估，呈金字塔式逐层排列。

（3）书面评估需要待评估员工的直属上级完成，包括工作评估表的填写，之后交给经理级主管进行审批。

面谈评估时需要多人在场，包括部门主管、部门经理、人力资源部评估员及员工。

2.3 入职管理

2.3.1 员工入职流程

制定员工入职流程是 HR 进行人员规范管理的重要一步。规范化的流程能增强新员工对企业的归属感，并且能够保障其实习的后续进程，从而提高整个企业的效率。员工入职流程通常为：入职准备——入职手续——部门管理——入职培训——入职跟进。如表 2.3.1。

1. 入职准备。

（1）告知员工正式到公司任职的时间、地点，以及所需携带的证件、资料等。

（2）用人部门需要落实的各项工作。

①负责安排新员工的办公位，为其申领电脑、电话等。

②负责发放新员工的办公用品，并负责为其开通邮箱、账号、号码等。

2. 入职手续。

（1）新员工填写《员工入职登记表》，并提供相应证件的原件或复印件，如身份证原件或户口本复印件、学位证明原件、资历或资格证件原件、银行卡复印件。

（2）为新员工发放员工手册，以及公司各项规定的说明，使其了解公司的基本情况。

（3）为新员工讲述公司制度之后，就可以办理新员工的入职手续。

（4）将新员工的详细档案调入人事部。

（5）在档案调入后将其存档，在公司的工作软件中添加新员工，并为其介绍同事、办公场所等，使其快速熟悉工作环境。

3. 部门管理。

（1）员工来到直属部门后，在老员工的带领下认识同事、熟悉办公环境，之后将其安排至相应的工位。

（2）部门主管为新员工安排培训、学习等事宜，使其了解工作性质和流程。

（3）新员工入职之后，可以在会议或工作软件上对其表示欢迎。

4. 入职培训。

（1）对新员工进行基本规章制度的培训，并且要回答新员工提出的问题。

（2）新员工培训内容包括：对公司的介绍、公司的各项制度、公司的发展历程、公司文化与理念等；对员工进行工作上的培训，例如技能训练、了解行业知识等。

5. 入职跟进：记录。

（1）记录员工资料并存档。

（2）新员工培训之后进入实习期，HR可以对新员工进行考勤和业绩测评。

（3）在对新员工进行定期考评过程中，需要时刻与其部门主管沟通，了解新员工每日考勤情况和工作进度等。

（4）如果新员工的实习期即将结束，HR需要提前告知新员工所在部门主管，在询问和探查其部门主管的意见之后，核定其是否可以转正。

（5）在征得相关主管的同意之后，为该员工办理转正手续。在此之前员工需要根据要求填写转正申请表。

（6）在员工填写转正申请表之后，将其提交至所属部门主管进行审批以及意见签署，在报给经理同意之后，将该表存档。

（7）若所在部门主管不同意该员工转正，HR应与其进行面谈将其辞退，或延长该员工的试用期。

（8）在确定新员工是去是留之后，HR可以通知其转正考核的最终结果。

（9）员工在转正之后需要重新为其核定薪酬，并将最终的薪酬报给公司相关负责人。

表2.3.1 员工入职具体流程示例表

（一）新员工进入前	（二）入职手续	（三）入职培训	（四）部门管理	（五）部门工作开始
确认座位、电话、邮箱	填写《入职申请表》	公司介绍	部门介绍	
告知新员工报到所带证件时间	交验证件	各项制度	介绍部门人员	
确认上班时间并通知相关部门负责人	介绍相关人员	公司发展历程	直属上司介绍岗位职责，说明工作	
	将邮箱、号码等发放给新员工	公司文化与理念		
	更新员工通讯录	新人移交给相应部门		

2.3.2 办理入职手续

新员工无论是在试用期内被录用抑或转正后被录用，都需在办理公司的入职手续之后，方可正式成为该公司的正式员工。以下是办理入职手续的具体流程：

1. 收集相关文件。

身份证对于个人来说，是对自我身份进行证明的一种凭证，而办理入职要求员工必须携带相关身份证件或复印件。除此之外，有一些公司还会要求员工进行统一体检，或出示具有权威性的健康证件，部分公司还需要员工报到时携带毕业证明、专业资质认证等文化凭证。

2. 工作证件办理。

企业的工作证件也就是工牌，作用是证明某人是某个公司的员工。另外，有的公司的工牌是门禁卡，通过工牌可以在公司允许的范围内任意穿梭，也有些工牌可以用于签到、打卡等。因此工牌既是一种凭证，又是很重要的考勤工具。

3. 员工手册须知。

手册须知通常会包括公司对于员工管理、规定的制度、条例。让员工熟悉和了解员工手册，不仅能够减少员工出现不必要的错误，还能够让新员工快速融入公司的环境。

4. 安全手册须知。

安全手册的内容主要包括各种可能会发生的危及生命的情况，以及一般应对的逃生方法等，例如"紧急电话号码""灭火器的使用方法""公司的消防通道路线图"等。熟知安全手册能够提升员工的安全意识和遇到紧急情况时的应变能力，有效降低安全隐患。

5. 签录保密协议或其他协议。

关于公司需要签录保密协议的情况，通常是由于员工所在的职位涉及了公司的重要机密，为了使企业的机密信息不被泄露出去，就需要员工签署保密协议。保密协议在签录之后即有了法律效力，能够有效保障公司利益。而关于其他协议的签录，是根据公司性质进行具体调整，不同性质的公司要求也不相同。

6. 办公环境引导与储物柜等安排。

在新员工正式到公司入职之后，通常需要老员工带领新员工熟悉公司环境，以及周围的同事和主管。另外，对于公司内的办公位置和个人物品存放地、饮水机位置和使用、微波炉位置和使用等事项也需要告知新员工。

2.3.3 签订劳动合同

签订劳动合同是在员工正式入职后，意味着企业和员工之间具有法律意义上的关系。签订劳动协议需要坚守双方平等、一致、自愿的原则，且内容必须符合现有法律法规，这样才能实现对公司和员工双方利益的合法保护。

在签订劳动合同之前，HR 应该对员工进行审查，具体如下：

1. 审查员工是否符合签订劳动合同的资格和条件。

（1）对于员工的资格审查，第一步就是要审查其学历是否属实；第二步就是要审查员工个人资料的准确性。

（2）对于曾经参加过工作，并且与前公司签订了劳动合同的新员工，需要了解该员工同前公司是否解除劳动关系，并且需要提供相关的证明材料，一并整理归档。

（3）对于没有就过业的应届毕业生来说，在其取得学校的毕业证书之后，才能够和公司签订劳动合同。

2. 在签订劳动合同之前，需要为新员工讲解公司内部的具体情况，例如公司内员工所在岗位的薪酬条件、工作内容等。

3. 与新员工签订劳动合同。

2.3.4 人事档案管理

人事档案是人力资源储备以及甄选人才、促进人才合理流动的主要信息来源，做好人事档案管理工作，能对人才资源的高效且合理利用发挥重要作用，同时也能为企业发展发挥重要价值。

人事档案是用人单位在了解人、使用人的过程形成的能得到组织认可的文件材料，是记录人才信息的重要载体。人事档案能为核实和评价一个人提供最基本且最权威的依据，其重要性对个人和企业来说不言而喻。

1. 人事档案管理的重要性。

（1）人事档案是选拔人才的重要基础。

人事档案是一个人成长的所有印记，记载了个人从校园生活到工作经历，以及个人的思想品德、工作状态、业务能力、社会关系、荣誉表彰等各方面重要的信息，而这一切也将是企业挑选人才所看重的重要依据。

人事档案作为人才选拔和人才引进的重要参考材料，能为企业的后续发展形成"无形资产"。因此，企业要建立健全人事档案管理制度，做好人才的选拔和引进，为发展注入源源不断的新鲜动力。

（2）人事档案是管理好干部、员工的重要依据。

干部作为企业发展的中坚力量，不论是对内还是对外，都将发挥着不可估量的作用。而人事档案作为能了解干部各方面能力和经历的重要依据，会对企业选拔和调配人才发挥重要作用。

在推举人才选拔干部时，一定要做好档案的排查和调查工作。同时，在日常的档案管理工作中，档案内容也应从传统的单一的信息记录逐步走向多元化记录，增加个人品德、诚信记录、工作态度、技术创新、专业著作以及科研创新等内容，从多维度去评判一个人。

（3）提供证据作用，发挥其效力。

人才的选定需要用人单位综合考量，而人事档案作为记录工作人员各方面的重要依据，将会是企业选拔人才的重要依据，也将会是企业发展进步的重要依据。企业必须建立严格的人事档案管理制度，用制度来约束各个层级的员工。如，建立人事档案归档工作，对员工进行年度考核，并将考核情况以及这一年的奖惩情况如实记录，以保证客观真实的评价每一位员工在这一年度所做的主要工作以及工作表现。

总之，企业人事档案管理是现代企业发展中重要的一项工作内容。现代企业应加快人事管理建设，善于利用人事档案所发挥出的巨大价值，挖掘更多的人才，加快团队建设，进而在人事档案所发挥的效益下推动企业发展。

2.人事档案管理面临的问题。

随着市场经济的建立和社会的发展，原有的企业职工档案管理办法已经不能满足社会的发展和新型劳动力市场的需求，在工作中遇到了很多问题。

（1）企事业职工档案管理体制与市场经济发展不相适应。

部分企事业单位对档案管理的重视程度不够，职工档案无人看管，甚至丢失，职工在调动工作时找不着档案，或把档案长期存放在个人手里；部分企业负责人为达到控制职工的目的，扣押档案不给，使职工办不成调动手续。这些问题的出现，影响了档案管理的严肃性，更侵害了职工的个人利益。

（2）企事业单位档案材料的客观性、准确性、完整性差。

由于部分企事业单位没有严肃、负责地填写档案材料，致使有的档案错漏百出，职工档案中记载的出生时间、参加工作时间前后不一致，工作经历记录不完整等。一些企业认为职工档案没什么用处，不给新招用的职工建立档案，给劳动保障部门办理职工失业、退休等手续增加了困难。

（3）档案管理的软硬件不适应形势发展的需要。

档案管理是一项政策性、规范性很强的工作，需要工作人员具有较高的政治素质和业务能力。多数档案室设备陈旧，管理手段落后，防火、防潮、防蛀等达不到标准，档案管理只满足于不丢失，装进袋子，锁进柜子。

3.加强人事档案管理的对策及方法。

由于种种原因，现行的档案管理制度已经落后于时代，因此提高和改进现有的档案管理制度迫在眉捷。

（1）建立与市场经济发展相适应的企业职工档案管理体制。

由现在的多头分散管理逐步过渡为集中统一管理，以适应经济发展和新型劳动力市场发展的需要。劳动保障行政部门与档案行政管理部门尽快制定企业职工档案管理办法，进一步明确企业职工挡案管理范围、内容、方式、标准等。

（2）各级劳动保障行政部门要高度重视企业职工档案管理。

定期对档案管理人员进行业务培训，不断提高档案管理人员业务水平。针对目前企业职工档案管理存在的诸多问题，在规定时期内对所有企业职工档案进行全面的整理，确保职工档案的完整、真实、准确。

（3）使企业职工档案管理史加规范化、科学化。

逐步建立职工个人档案与养老保险、失业保险、生育保险、医疗保险、再就业等系统化管理体系，通过科学的管理，为企业提供便利的服务，有效地保障职工和企业利益。充分发挥劳动保障部门的服务职能，提高办事效率，使档案管理工作科学规范。

第 3 章
培训与试用管理

3.1 了解培训

3.1.1 培训的定义及作用

培训是帮助公司提升竞争力、提高个人能力的教育培训方式。从形式上来看，培训有有形和无形两种不同的形式。虽然都是培训，但相对来说有形培训的压迫感会比无形培训更大。有形培训是要求接受培训的人员在公司指定的时间、地点接受讲师的培训教育，这就是我们通常所说的培训。无形培训是指在日常工作中，对员工的指导和培训，可以采取例会、面对面交流、批评劝说等形式。

在日常工作中，无形培训对提高绩效起着更重要的作用，而且成本可以忽略不计。当然，良好的工作态度和积极向上、努力工作的行为习惯，以及正确的价值观都是一个员工所必须具备的。态度积极的员工，即使知识和技能不足，也会努力学习和提高，最终成为企业所需要的人才。因此，态度培训是 HR 的核心工作。

随着时代的快速发展，企业对员工的要求也越来越高，因此越来越重视培训。培训目标主要有五个：

1. 提升企业竞争力。更多的培训机会往往会吸引更多的优秀员工，大大减少了员工的流失。因为对员工来说，培训的重要性仅次于薪水。培训可以防止企业骨干跳槽，增强企业在社会上的竞争力，确保企业在人才争夺战中立于不败之地。

2. 增强企业凝聚力。优秀的 HR 也是优秀的培训师，既重视培训，善于以身作则，又增强了员工的团队精神，使大家都能团结在企业的旗帜下，凝聚起一股勇往直前的强大力量。只有这样，企业才能充满生机和活力，发展前景才会光明。

3. 提高企业在社会上的战斗力。如果将岗前培训与岗位任职资格严格挂钩，不仅能满足员工求职和生存的需要，也能满足企业对人才的渴求。一个优秀的企业员工必须终身热爱学习，永远不会满足于自己现有的成就。为了突破现有的知识水平和固有的思维模式，他将继续参加培训和学习。根据马斯洛的人的需求理论，员工在满足基本需求后，会要求自己不断提高工作能力和综合素质，体现自身价值，获得成就感。如果一个企业想留住员工，尤其是重要员工的心，不能只提供丰厚的奖金待遇。相反，HR 应该为员工不断"充电"和"加压"，以满足他们不断进步的需求，体验工作中挑战带来的快乐，并体现他们的自我价值。通过欧美一些知名企业的实践证明，如果企业对员工进行良好的培训，让员工不断进步，员工在工作中的抱怨就会越来越少，离职率也会大大降低。还有一些公司以培训作为福利来奖励表现良好的员工。这样，不仅员工会成为学习型员工，企业也会成为学习型企业，无疑会提升企业的战斗力。

4. 投资回报高。如今"培训就是投资"已成为大多数企业的共识。据统计数据显示，如果在员工培训上投资 1 元，可以创造高达 50 元的回报。对于企业来说，也许很难获得准确的财务数据来计算每一次培训的效益。但毫无疑问，企业与培训之间一定是存在着很明确的利益关系，培训之后员工素质得到提高，企业形象得到改善，内部管理成本降低。管理效率提高了，企业效率提高了，这就是培训对企业的回报。所以培训是一项高回报的投资。

5. 解决问题的有效措施。对于一个企业在发展中不断出现的各种问题，有时候最直接、最快速和最经济的解决方法就是培训，相比摸着石头过河要简单得多，也比招聘有相同经验的新人更加值得信任。

当然，培训不仅可以吸引人才，也可以大大提升员工的素养，降低内耗。

1. 可以减少事故的发生。经过调查发现，80%的企业安全事故是由于员工对安全知识的忽视和违规操作造成的。通过培训，员工学习了安全知识，牢牢地掌握了操作技术，必然会减少安全事故的发生。

2. 可以提高员工的工作效率。对于实习员工来说，参加培训能够使其更快地适应公司的工作状态，在短时间内学到更多实用的知识。而对于正式员工来说，参加培训能够使自己发现自身缺陷，并及时改正，从而提高公司员工的整体素质，提升工作效率。

3. 可以降低出现损耗的情况。任何企业都免不了会出现各种各样的损耗，或是技术问题造成的损耗，或是人员操作不当、员工技术水平低导致的损耗。想要改善员工技术水平问题，就需要对员工进行专业培训，完善员工技能、提高其操作水平，从而在一定程度上减少企业整体的损耗。

4. 可以激励员工的创新能力。随着市场经济的不断发展，市场的需求也在不断提高，因此，企业在促进自身经济水平发展的同时，也需要有研究、创新的精神和能力。而对员工进行培训，能够在一定程度上提高员工为企业进行研究和开发新产品的能力，从而扩大企业的知名度和其在市场经济中的影响力。

5. 可以改变员工对企业的认知。经过不断的培训和教育，员工的工作技能和综合素质都会有质的提升。因此，员工会对企业产生认同感和归属感，改变员工对企业的认知，使其积极主动地参与到企业的发展事业中去。

培训不仅为企业产生了价值，也为员工大大增加了社会竞争力。

1. 提高了综合素养和技术能力。各行各业都有着很强的流动性。随着人口的增加，市场对劳动力的要求日益苛刻，人们也都认识到提高自身的综合素养和技术能力的重要性，所以很多没有技术能力的人就会选择通过培训来增强自己的能力和技能。因此，很多员工在找工作时，企业是否提供培训也成了一个需要仔细考虑的问题。

2. 获得较高收入。员工的收入直接关系到工作效率和工作质量，而员工自身的工作技术能力又会影响到薪酬的高低。员工能力越强，能够完成的任务就越多，绩效就更高。经过培训能够增强员工的技术能力，从而使员工有机会获得较高的薪酬。

3. 提高职业的稳定性。从企业层面来看，公司提供优渥的条件，以便培训员工，尤其是在公司遇到拥有其他技能、特点的员工时，更会针对其优点进行培训和巩固，以此来留住这部分有能力的人才，避免人才流失造成企业内部不必要的损失。

从员工层面来看，对于公司所要求必须参与的培训，他们都是抱着能够学到新知识、新技能的心态参加的。尤其是公司内部还有一些可以出国学习、深造或者进修等培训方式，会让员工产生更加积极、向往的心态，以期能够获得企业的赏识，能够学到更多知识。而往往在经过培训之后，员工的整体技能和综合素养都会出现质的飞跃，甚至获得升职加薪的机会。因此，员工对能够接受培训的机会通常都是非常看重的。

4. 提升竞争力。未来的职场将会充满竞争，人才机制也在持续创新，每年都有许多的新人才加入竞争的队伍中来，那么就意味着有一部分人将会被淘汰掉，而究竟是哪些人才能够留下，这就要看他们自身的能力和素养。面对充满竞争的环境，为了不被淘汰，每一个在竞争的人都需要不断地提高自身的能力，去不断学习，而最好、最快的学习方法就是培训。

总之，培训的意义和重要性是恒久的，在促进员工能力和素质快速进步的同时，对于企业的影响也更为深远，毕竟员工的综合能力提升都是对企业发展的促进。

3.1.2 培训流程

培训流程主要包括入职培训流程和上岗培训流程。具体流程如下：

1. 入职培训流程。

（1）公司概况及发展简介。

（2）公司管理制度。

（3）公司文化和理念。

（4）薪酬标准及福利。

（5）同事/部门介绍。

（6）办公用品、用餐、休假。

2. 上岗培训流程。

（1）工作环境及人际关系。

（2）岗位职责学习。

（3）业务流程及重点说明关键要素。

（4）安全培训。

（5）员工建议及投诉流程。

3.1.3 培训形式

HR需要改变传统的填鸭式培训，避免无聊的知识灌输，多为员工争取一些能够实践的项目，增加和企业项目相关的案例分析会或者研讨会等培训形式，从而提高学员的参与率和培训实际达到的效果；增加培训过程中的趣味性和创新性，促进员工自己动手、自己思考的自主能动性，能够更好地提高员工的综合能力。

3.1.4 需求分析

因为企业处在一个不断创新发展、各方面水平不断变化的环境中，各个部门都需要不断进行完善。所以企业在纳入新员工的时候，就需要对其进行培训，以此来减少员工之间的差距，使员工能够更好地适应公司的发展和变化。

对于各岗位的相关专业知识学习将是培训计划中的重点。HR可以通过聘请有名气或者比较专业的该行业内的专家、学者来对员工进行培训，甚至可以送员工外出进行培训。对于小公司来说，通常则会让员工通过自学以及向经验丰富的老员工学习等多种形式来解决员工的困惑。

对于员工自身综合素质和修养的提升，是指明前方路线的重要指示标。要知道，一个人的缺点只有他自己最为清楚和了解，对于员工在工作上的缺陷也能够通过自身综合素质的不断提高而逐渐改善。对此，HR需要尽最大努力为员工提供便利，从而不断提升员工素质。

3.2 培训管理

3.2.1 培训管理原则及流程

培训管理的原则主要包括系统性原则、制度化原则、多样化原则、效益性原则。各项原则的具体内容如下：

1. 系统性原则。

系统化的培训管理更能使员工在企业中形成有秩序的组织构架，在企业经营活动中展现更加强有力的一面。

2. 制度化原则。

无论是企业的建立还是各部门之间对员工的管理、约束，都免不了需要制定相关制度，而对于员工的培训更需要制度化的管理来把培训工作落实。制度化的管理往往能达到更好的效果。

3. 多样化原则。

为应对不同部门的需求，以及不同能力、水平的员工，在进行培训管理的过程中，HR 需要遵循多样化培训的原则，采用多种样式的培训内容，以及多种形式的培训方式，丰富员工的知识和素养。

4. 效益性原则。

对于一个企业来说，效益是极其重要的，对其进行合理规划也就颇受关注。而 HR 的培训管理就是一种收取效益的方式，所谓有投入才有回报，效益性原则就是如此。在 HR 进行培训管理工作时，就相当于已经付出了相应的成本，员工最终能够学到的、为企业做出的贡献就是收到的效益。

不同企业的培训流程会有所差别，常见的培训流程如下：

1. 提出培训需求。

新员工入职后由 HR 提出培训需求，并安排相应场地及物品，以及协商好培训时间。

2. 培训前准备。

HR 通知相关员工参加培训，并告知其培训时间、地点、培训内容，培训老师根据需要申领培训所需设备和工具。

3. 培训实施。

（1）培训签到。

参加培训的员工需要按时到达培训场地，并在《培训签到表》上签到。若不能准时到达，需向相关主管请假。如果无法参加培训，应在前一天向 HR 提交书面申请。

（2）培训纪律。

①参与培训的员工需要遵守纪律，不可以大声喧哗、交头接耳。

②培训期间所有培训员工应将手机关机或调至震动状态，不得在课堂上随意拨打电话。

③在培训期间应该尊重讲师与其他学员，避免影响别人。

④培训员工应记好相关笔记，做好记录。

4. 培训考核。

在培训结束后，HR 应为培训员工进行测试，测试合格后分配到相应部门办理手续。

3.2.2 制订培训计划

有新员工入职时，首先要确定新员工的导师；其次是制订详细、具体的新员工培训计划，包括培训目标、培训内容、完成要求、考核标准等。HR 还需要负责通过岗位的工作实践，以"帮助加指导"的形式来促进员工快速地接触并学习到自身岗位上所需要的技能，并在之后的培训过程中不断地完善和提高自己。同时，HR 应负责对新员工的考核，出具考核总结报告，根据考核结果了解员工的不足之处，并进行跟踪指导。

新员工应认真学习和掌握本岗位和培训目标岗位所需的技能，同时，要定期向 HR 汇报，并及时反馈培训过程中的问题和困难，按要求完成各项培训任务。

3.2.3 设计培训课程

1. 企业发展历程和企业文化培训。在进行培训之前，身为刚入职的员工，初次参与公司组织的培训，首先应该对公司的文化、历程和发展等有一定的了解。这样不仅能够让新员工快速对公司的情况和发展有所认知，也能够更好地适应公司环境。

2. 企业归属感培训。在对新员工进行企业文化、发展历程的培训后，HR可以进一步为员工讲解企业发展价值、企业发展项目等，从而使员工增强对企业的归属感和认同感。

3. 团队合作培训，包括新员工拓展训练、联谊晚会等团队合作项目，主要是为了帮助新员工建立较强的团队荣誉感和归属感。

4. 个人发展培训，包括职业角色与定位、职业生涯规划等培训项目，主要是为了帮助新员工迅速转变角色、快速适应职场生活，了解职业生涯发展历程并提前规划好个人的职业生涯。

5. 岗位胜任培训，包括业务流程、产品知识、工作内容指导、工作方法培训等，主要目的是帮助新员工尽快适应工作岗位、掌握岗位基本技能。

3.2.4 培训资源的开发与利用

当培训需求确定或培训计划完成后，许多HR开始关注培训课程承包商的寻找、选择，但很少甚至没有HR意识到其实自己就拥有丰富的培训资源，因此也没有尝试去充分利用它们，例如组建一支企业内部的、规范的培训师队伍。

建立企业内部培训师队伍主要有三个作用：

1. 促进企业发展。

建立一支强大的内部培训师队伍，对企业培训计划的顺利有效实施能起到重要作用，还能促进 HR 培训规模化、科学化、规范化的发展。

2. 发挥内部培训的作用，帮助企业降低培训成本。

许多企业都会将员工的培训和一些开发项目外包出去。这种培训和发展方式固然有效，也有其合理性。然而，哪种方法比充分利用内部培训资源更有效、更节省成本呢？众所周知，评价培训项目有效性的标准是培训效果与培训投入产出比，可以用公式表示为：培训效益 = 培训效果 / 培训投入。

根据该公式，培训效益与培训效果成正比，与培训投入成反比。因此，在培训效果不变的情况下，培训投入越大，培训效益越小。当今的咨询公司一般都有为企业做培训的业务，有很多种类的培训项目，而且无论哪种培训，费用都很高。但是，如果充分利用企业内部的培训资源，其成本就会远远低于培训外包。如果只采用直接成本核算，那么培训成本就会更低。

因此，根据上述公式，在相同的培训效果下，充分利用企业内部资源的效益优于培训外包。这种差异与培训投入的差异成正比，所以 HR 应充分利用企业内部培训资源，及时建立和发挥企业内部培训师的作用。

3. 企业内部培训师的使用可以有效地提高对员工培训的效果。

企业培训项目外包固然符合专业化运作的发展趋势，有利于企业管理，在一定程度上也大大减轻了企业负担。然而，培训的本质在于其效果，即培训能否改善员工的态度和行为，最终提高员工的工作绩效。总结来看，决定员工最终培训效果好坏的标准，通常会有这几种，即培训老师的能力、培训教授的内容、培训过程中使用的方法，其中最重要的其实是培训老师。而内部培训师不仅可以直接决定培训的现场效果，而且也决定着培训内容和培训方式。

3.2.5 促进成果转化

培训成果的转化作为培训的应用阶段，是为了让员工能够有效地将从培训中学习到的知识和技能转化到实际工作中。HR 可以采取多项措施，使得培训成果向好的方向迈进。

因此，为了能够进一步完善培训工作，并且提高培训工作的整体效率，HR 可以采取以下几个方面的措施：

1. 组织专门人员为新员工讲解企业相关信息，其内容主要包括老板寄语、企业基本情况介绍、各部门相关业务及相关政策规定等方面内容，让新员工详细地了解企业基本概况。

2. 严格培训纪律。一是要求学员每日做好笔记并熟记知识点，次日开课前会采用抽签形式对前一天的学习情况进行复习，同时让学员分享相关的拓展知识，达到温故而知新的学习效果；二是组织学员在部门群展示个人笔记，并进行学员优秀笔记比拼赛。

3. 认真组织调查。每次培训活动结束后，HR 可以不同的形式对培训时间、培训内容、培训组织、培训管理、培训方式、培训导师、培训适宜性、整体满意度等方面进行量化评估，为以后相关培训工作提供有益的参考。

上述措施可以取得的成效包括：

1. 帮助新员工快速转换角色。通过个人发展培训，帮助新员工快速转变角色，适应职场生活。

2. 加强新员工对企业文化的认同。通过对企业文化和核心价值观的培训，可以有效帮助新员工消除对企业和新同事的陌生感，增强对企业的认同感。

3. 促进员工和企业共同成长。通过个人笔记展示，不仅可以督促学员认真听课，还能实现学员笔记的共享，大大提升培训的效果。

3.2.6 效果评估

企业对员工的培训进行效果评估是为了保障培训效果，也是促进培训进一步完善的重要手段。相比以往问卷调查式的集中调查，虽然看起来直观，但还是存在一些弊端和不足之处，这种类型的调查往往是迎合式的，并没有太大的效率。因此，HR进行培训效果评估时，可以采用以下几种方式：

1. 随问随答测试。就像在学校读书时，老师讲完一个知识点就会提问学生，以此来检测学生是否理解、记住了该知识点。员工培训也是一样，在学习一段时间之后，HR可以不定期地进行随问随答测试，查验员工在这段时间内掌握了多少培训知识。当员工发现自己有缺漏的地方，就可以在培训的时候随时询问培训教师，从而快速地解决自己的不足之处。

2. 纸质考评测试。和普通的问卷调查不一样，纸质考评测试类似学校的期中考试、期末考试等。这种考评方式虽然不同于对员工进行绩效考核那般严格，但为了保证较好的培训效果，针对参加培训的员工，如果有未满足要求的或者测试不及格的，可再次进行培训。

3.3 试用管理

3.3.1 试用管理原则

新员工试用管理原则主要包括以下几点：

1. 增加员工对企业的认同感和归属感，完善员工入职、报到的流程和管理制度，促进新员工快速适应工作环境。

2.带领新员工认识公司各个同事和熟悉岗位环境等，协助新员工快速找到工作状态。

3.完善对试用期员工的培训管理制度，以及试用期的考核制度，加强对新员工技术能力、知识的培训，并且对其进行定期的考核，从而提高其工作效率。

4.试用期间，爱岗敬业是首要考核项目。对于工作态度不积极、不努力的员工及擅自违反出勤记录的员工，公司人事将责成用人部门对该员工进行临时性考核，对于不符合要求的员工将及时更换，工资视考核情况发放。

3.3.2 明确新员工试用期限

根据《中华人民共和国劳动合同法》第十九条的规定，劳动合同期限三个月以上不满一年的，试用期不得超过一个月；劳动合同期限一年以上不满三年的，试用期不得超过二个月；三年以上固定期限和无固定期限的劳动合同，试用期不得超过六个月。同一用人单位与同一劳动者只能约定一次试用期。

3.3.3 明确新员工试用期职责与权限

新员工的职责与权限主要有：

1.按照培训导师要求安排自己的工作，尽快熟悉公司业务。

2.按照HR要求在考核中进行自评，并准备述职材料。

3.3.4 新员工转正程序

新员工在试用期阶段是需要经过考核的，并且是由该员工所在的部门的上级管理者对其进行考核的评定和审批，HR则需要协助上级部门主管，完成对自己招聘来的员工进行考核。

1. 试用期所需要考核的项目。

（1）个人综合素质整体考核。

①主观能动性：针对员工能否自主完成工作任务，能否凭借自己的能力承担所在岗位的工作任务，在面对困难的时候能否自我寻找出路的能力。

②个人责任感：能否时刻谨记自己在公司内所承担的任务和责任，能否站在整体的角度出发，加强自身能力，承担岗位职责。

③团队协作意识：能否加强成员合作能力和团队协作能力，积极参与到集体中去。

④学习和理解能力：对于新知识的接受度、学习态度和理解能力是否端正，能否保证不经常犯错误，或者在犯错后能够及时反思和总结。

⑤协调的交流沟通能力：能否正常同人交流，合理地处理人与人之间的交际问题和各种人际关系。

（2）专业的技术能力水平。

①良好的岗位适应能力：自身所拥有的知识、技能和经验等能力能否和自己的岗位、工作相联系起来，并快速地适应自己的岗位。

②日常工作效率：能否正常完成每日工作和任务，合理解决日常工作中出现的问题。

③每日工作质量：能否正常或超常地完成上级安排的任务，并能够保障工作质量是合格的，符合预期的发展。

④每个月的工作计划：能否合理制定下个月能够完成的工作计划，并总结上个月的工作情况，树立明确的前进目标。

2. 根据新员工考核结果安排转正事宜。

试用期考核的时间和内容都需要由HR进行合理安排。HR需要对员工的日常表现、每日考勤，以及日常工作完成度进行归纳、整理，考核的最终情况有以下几种：

（1）提前转正：员工在日常考勤、工作任务完成度、综合素质和技能水平等方面都有着优异表现的情况下，可以提前转正。

（2）正常转正：员工在试用期的表现既不突出，也无过错，日常考核、考勤都合格且没有大错误，在试用期结束之后转正。

（3）延期转正：员工在试用期期间的表现不好，日常任务、工作的完成情况也达不到企业标准，但差距不是很大，可以对该员工进行延期转正。

（4）不予转正：员工在试用期期间没有完成工作，并且表现非常不好或者犯过重大错误，考勤和考核都不合格的情况下，可以在试用期满之后将其辞退。

3.4 试用期内辞退或辞职

3.4.1 新员工试用期内辞退

有以下情节之一的，HR可以予以辞退：

1. 员工严重违反公司规章制度，由HR上报主管，批准后作辞退处理。被辞退的员工收到公司的辞退通知书后，即可开始办理离职移交手续，HR应安排其他人员接替其工作和职责。被辞退的员工完成所有的离职手续后，HR应将《离职交接表》交财务部结算薪酬。

2. 员工无故旷工超过三天的，将视为员工自动离职。该员工必须完成所有的离职手续后，HR方可为其提交《离职交接表》结算薪酬。

3.4.2 新员工试用期内辞职

新员工因个人原因辞职的，应当提前三天向 HR 提出书面申请。HR 应积极与辞职的新员工沟通，努力留住业绩良好的新员工。

辞职的新职工，应当填写《离职申请表》，经各级主管批准后，报送 HR。《离职申请表》确认签字后，辞职的新员工应当办理离职、交接手续，HR 应当安排其他人员接管其工作和职责。在完成所有必要的离职手续后，HR 应将《离职申请表》归档并结算薪酬。

第 4 章
离职与调动管理

4.1 离职管理

4.1.1 离职流程及制度

离职管理是 HR 工作的最后环节，代表着一位员工从公司离开。HR 不可以轻视离职管理工作。面对一位离职员工，HR 是否可以成功地留用，是否可以积累口碑，是否可以强化企业文化，都与离职管理的工作息息相关。如何正确办理离职手续，做到留用人才，树立企业形象，是每位 HR 的核心工作。

在进行离职管理之前，首先要正确看待员工离职事件。员工离职代表着从企业离开，代表着结束，但是并不意味着 HR 的工作结束。离职管理很大程度上影响着企业的人员管理和未来发展，面对各种离职人员，HR 需要总结出离职原因并且在企业内做出相应的优化，以避免人才大范围流失。

实际上，这项工作并不能很好地进行，离职人员大多不会说明真正的离职原因，所以 HR 需要做到的就是严格履行离职流程。员工离职在一方面增加了企业的投资成本，需要重新招募培训等，同时也可能会动摇其他在职员工的心理，甚至还会涉及劳动纠纷等问题。但另一方面，员工离职代表着会有新人入职，会给企业带来新的想法和价值，所以在计算离职成本的同时，也要考虑到这一点。进行离职管理时，HR要多方面思考问题，设计规范的离职流程和制度，切记不要与离职员工发生矛盾。员工离职的过程是体现公司企业文化的一个重要环节，不能因为员工离开公司后与公司断开关系就不重视离职工作。要明白离职纠纷的争执点一般就是在于员工主动离职上，在员工看来是因为公司的种种问题导致在公司发展并不符合自己预期，于是提出辞职，而公司往往认为员工缺乏忠诚度。

仔细分析一下就会发现，员工的忠诚度是与企业的制度有着很大关系的，所以HR要考虑为什么员工会离职，为什么员工要对企业忠诚？然后以此进行总结。

员工离职对于公司来说，或多或少会产生一些负面影响：一是公司内部员工人心动荡，二是公司形象会受影响。所以离职管理需要HR协调公司内部的职工心态，将公司损失降到最小化，并且对外维护公司形象。

确定明确的离职流程和制度是为了保证离职员工能将工作转移对接好，保证公司正常运行，且交接人能顺利地接任工作。任何离职的员工都应该遵循离职规章制度，特殊情况交于特殊负责人处理。

员工因故辞职的情况，按照一般来说应该至少提前30天向HR提出辞职申请，这一要求是为了保证辞职员工的离职后续手续以及辞职面谈有充足的时间进行。在员工递交辞职申请后，HR应当与辞职员工进行面谈，对工作突出的员工进行挽留，商讨薪酬或工作环境条件等问题。

在员工的离职申请审批通过后，HR应为其确认离职日期以及办理离职手续，若在规定的离职日期之前没有及时提交离职和交接手续，那么对公司造成的一切损失将由离职员工个人承担。

企业的离职流程都大同小异，需要注意的是一定要预留出手续办理时间，并且要与离职员工进行有效沟通，确保离职员工明确各项流程，以免环节出错。

对于一些特殊情况，也有相应的制度来解决。例如，对于未办理离职手续，擅自离职人员，HR可按照《中华人民共和国劳动法》以及签订的《劳动合同》

要求离职员工向公司支付规定的违约金。对于仍在实习期、未签订劳动合同的人员，如果擅自离职，HR可依据相应制度条款对其做出相应的惩罚。

员工离职时一定要确保各项手续准备齐全，员工工资结算清楚。在员工离职时，HR依然要做到不忘寄予关心与鼓励，虽然员工离职后与企业并无利益关系，但是其对公司的评价可以影响到公司形象，若在离职办理过程中出现不愉快，必将对企业的发展造成一些影响。所以离职工作需要HR做到体现人文关怀，环节公开公正，顺利地完成离职管理工作。

4.1.2 办理交接手续

交接手续是离职手续中较为重要的一部分，因为交接手续对于公司正常运转有着直接影响，尤其是关键职位的工作交接。HR需要尽力规避企业损失，确保交接工作顺利进行。

交接手续分为交接准备、交接过程以及交接后续事项。

首先是交接准备，需要离职员工与交接人进行工作基本情况交接，包括待完成工作，并整理各项移交材料且对后续工作以及问题进行说明；做好交接准备后，就是与交接人进行交接过程，交接人需要按照对接文件逐一确认交接内容；最后就是交接一些后续事项，而且要在需要签署交接说明的文件上签字。

4.1.3 档案管理

在解除劳动关系合同之后，HR应将证明劳动关系解除的文件保管至少两年以上。在编辑离职资料和文件时，HR应明确写出与辞职员工各自应履行的义务和履行情况。

离职档案文件包括离职申请表、离职申请书、工作交接文件、薪酬结算文件、员工离职时签订的文件等。离职文件中的每一个细节和环节都需要 HR 仔细记录。

HR 保管好离职员工的档案很有必要：一是做好离职管理的后续工作；二是员工离职后若对企业提起劳动争议仲裁申诉，HR 可以向相关部门提供相应的文件材料，即便对方上诉至法院也可以有所应对。

4.1.4 工作证明管理

工作证明是指一种用于证明员工在企业的工作时间、工作收入、各项奖金评定等的文件。这份文件由员工所在公司出具，在员工辞职后，HR 需要保留员工工作证明的原件或复印件，与保存员工档案相同。

工作证明也是为了用于当仲裁争议发生时，HR 可以有效应对。工作证明是一件不可少的有效证件。

4.1.5 分析离职原因

员工离职后的后续离职管理工作中有一项是分析离职原因，而离职面谈的作用就在此发挥出来。

分析离职原因是对企业内部进行优化，推动企业成长较为关键的一项工作。员工离职的因素通常有三个方面：工作关系因素、个人因素、经济因素。工作关系可能会涉及员工个人与企业的契合度、企业内部关系等原因；个人因素一般体现在被动离职方面比较多，而员工个人的一些性格特点、生活状况特点往往会成为员工主动离职的一些原因；最后一点也是离职原因比较多的一个因素，就是经济因素，比如员工对工资满意与否，是员工决定是否离职的很大一部分原因，即使员工对工作环境、工作关系等满意度较高，若薪酬不能达到员工的预期，那么也会有很大一部分员工选择离职。

员工离职原因很多，因为每一个人的心理预期都各不相同，所以分析离职原因并不是为了得出离职率的高低，而是为了总结出对企业发展有利的改善因素。

4.2 辞退管理

4.2.1 辞退员工原则

辞退管理与离职管理不同的是，前者是被动离职，后者是主动离职。既然涉及被动，那么一定会有不愉快掺杂在其中，这是很多HR不愿意去做的事情。因为这是很难处理的一项工作，同时也是一件考验HR能力的工作。辞退员工需要HR掌握辞退原则和流程，更重要的是掌握辞退员工的方式和技巧，比如面对员工的不同反应，需要用什么样的方式回应，才能将其对企业的负面影响降到最低。

辞退原则一般由HR根据公司具体情况拟定辞退建议。作为一名与公司达成利益关系的员工，首先能否胜任本职工作是是否辞退的主要考虑因素。辞退员工的原则应适用于公司全体员工，不得特殊对待。常见的辞退原因包括以下几点：

1. 经过培训考核不合格的、试用期未满不符合工作条件的和工作表现不佳，不能胜任本职工作的员工。这类员工经过一段时间的工作并不能胜任本职工作，那么作为公司的HR，需要考虑到公司长久发展的利益，应将这类员工首先纳入辞退范围。

2. 严重违反公司规章制度、严重失职、徇私舞弊和有其他严重不良行为的员工。这类员工违反了公司制度，违反了劳动制度，严重地损坏了员工与公司的利益，还损害了公司声誉。因此，此类员工一经发现，要立即辞退。

3. 工作态度差、严重欺骗公司的员工。这类员工损害了公司的利益，而且不端正的工作态度并不利于营造良好的办公环境，所以这类员工也应考虑辞退。

4.由于个人的身体原因需要长期住院，在经过公司原定医疗期之后仍无法继续工作的员工，因违反法律被拘留的员工，泄露公司商业秘密的员工。对于员工就医公司是有医疗期的，但是超过医疗期之后仍不能继续工作的，一般需要考虑辞退。对于出现违法乱纪而被拘留的、情节严重的员工也不得继续在公司工作，而最后泄露公司商业秘密的员工严重侵犯了公司的利益，辞退之余甚至可以进行起诉。

4.2.2 辞退员工流程

辞退员工的决定需要部门主管根据员工的能力和平常表现提出辞退建议，填写辞退建议时必须遵循客观事实，并出具书面的辞退建议以及评价单交由HR。

HR接到辞退建议后，需要核实情况，并且根据评价单上的内容进行评判。若该员工的情况属实，HR必须与该员工进行面谈。此次面谈的作用非常大，首先是了解员工的真实想法和态度，然后结合该员工的意见和反馈来进行下一步评定，比如是否真的执行辞退建议。在面谈结束后，如确定进行辞退，那么HR也要在辞退建议上签署意见。若与该员工面谈后，认为该员工不该辞退的，那么HR应当与该员工所在部门主管进行协商，重新安排该员工工作。

以上各个环节流程的办理时间均不得超过5个工作日，在各部门签署辞退意见时，均要在2~3个工作日内做出明确答复。

4.2.3 说明辞退原因

HR需要与辞退员工进行面谈，这一步体现的是公司对每一个员工的重视程度。辞退员工并不代表着该员工会与公司反目成仇，只要提出客观中肯的辞退原因，大部分员工都可以接受，并且理解公司做出的决定。

面谈结果的好坏是员工离开公司后对公司做出高低评价的一项参考因素，所以面谈过程中需要 HR 语言亲切，意见中肯，表达清晰，让员工真正理解公司做出辞退决定的原因。而且良好的沟通过程可以有效地避免日后的劳动纠纷，即使员工离开公司，也能清晰客观地看待公司做出的决定，对公司抱着尊重、理解的积极态度。

4.2.4 应对员工不同反应

被辞退对于每个员工来说都是一件极其令人沮丧的事情，也是一件让人备受打击的事情。被辞退对于员工情绪有着很大的负面影响，而且后续的经济问题、重新发展问题等都会接踵而至。

被辞退所带来的各种连锁后果，无疑是令人非常不愉快的。但这是 HR 工作的一部分，也是体现 HR 工作水平的一项工作内容。

不同的员工面对被辞退所表现出的状态和情绪肯定有所不同。在心理学上，人们应对悲伤的过程分为五个阶段，分别为否认、愤怒、交涉、消沉、接受，而这五个阶段也是 HR 进行辞退工作时经常遇到的员工的五个不同反应。

第一种反应是质疑，也是否认阶段。此类员工会难以置信，不相信自己被辞退，可能发出"确定是我吗？"诸如此类的疑问，也有一些员工表现质疑的反应就是保持沉默。这个时候 HR 需要做的是耐心地重申辞退建议，或者等待员工发出疑问后针对疑问做出回答即可。

第二种反应是抗议、激进，这也是愤怒阶段所表现出的行为。这类员工可能会激烈地发表一些个人看法，或者反对公司的决定，一部分原因是因为被辞退与主动辞职并不相同，员工并没有做好准备和规划来面对接下来无业的状态，而且被辞退对于员工来说并不是一件光彩的事情，所以一些人会采用激进的方式来表达自己的不满。这个时候 HR 需要做的是承认员工的愤怒情绪，例如"现在你感到非常生气，我很理解"等，用理性来面对不理性，客观地和员工分析问题，切记不要起冲突，并用强大的语言技巧来安抚员工的情绪。

第三种反应是协商、交涉。这一类员工可以分为两种不同的协商类型，即"友好型协商"和"报复性协商"。

友好协商的员工会认真考虑事实后，与HR进行协商，例如"真的没有别的解决办法吗？不可以调到其他岗位吗？"等。HR对于这样的友好协商需要耐心地告知，辞退决定是根据各个部门和总经理的意见审批之后做出的，帮助其接受事实；报复性协商则需要HR运用工作经验判断出来，为了避免不必要的劳动纠纷，在与被辞退人员进行面谈时，可以给予员工自由提问的权利，但是坚决不讨论任何与本次辞退决定毫无关联的事项。

第四种反应和第五种反应表现出的状态有悲伤、难过、抽泣或者隐忍接受。这类员工处于消沉以及接受阶段。面对这类员工，HR需要第一时间给予鼓励和关怀，不站在任何立场上发表意见，待员工情绪稳定后，再进行辞退决定的说明。

面对不同的反应，HR需要不同的应对方式。在面谈过程中，HR需要把握面谈的节奏，不可针对一些无关紧要的事项纠缠不清，也不可任由员工哭啼不停。优秀的HR既能安抚好员工的情绪、做好公司的人文关怀、树立好公司形象，又能高效率地进行辞退面谈。

4.2.5 下发辞退通知

辞退通知单的内容要明确时间、辞退原因以及处理结果。辞退建议经过各个部门和总经理审批通过后，HR与员工面谈结果达成一致，即可下发辞退通知单。

辞退通知单需要明确指出公司何时与员工建立以及解除劳动关系，并详细说明各部门出具的辞退原因，以及其工资发放和后续手续办理的详细内容。辞退通知单在公司需要备份留存，以备在发生劳动纠纷时保护好公司的相关利益。

4.3 职位调动管理

4.3.1 调动制度及制定方法

为了进一步地完善企业内部人员资源配置，规范内部员工的流动管理，HR需要根据企业相关的绩效考核，为员工营造一个公平竞争、共同发展的工作氛围，使公司内部的员工保持活动性和流动性，能够配合企业的人员资源配置工作，完成企业内部的员工调动。常见的调动制度如下所示：

1. 适用范围。

一般情况下，公司内的所有普通员工都适合这一调动制度。

2. 调动职责。

公司内部人员的调动通常都是由人事部门来安排的，在遵循人力资源管理原则的基础上进行人事调动工作。

3. 调动原则。

（1）首先是因为公司管理的需要，因此产生的人员内部的调动，在部门内部申请通过后即可进行，没有申请通过的，或者没有特殊原因的都不能进行调动的办理。

（2）在进行人事调动的时候，需要由 HR 事先审批，之后上报给上级主管，才可以进行调动。

（3）在调动审批通过之后，HR 需要为调动员工办理调动手续，之后就可以前往新部门报到，否则，不能离开原部门。

（4）在公司中，如果有人私自进行人员调动，并且没有经过 HR 的审批，那么相关人员就要受到公司的处罚。

4. 调职种类。

（1）员工岗位调动包括员工晋升、员工降职、岗位轮换等。

（2）个人申请可以分为内部应聘、岗位竞聘等。

（3）根据调动方式不同，调职分为公司任命、内部工作调配、组织架构调整等。

（4）员工职位调动分为跨部门调动、部门内部调动。

4.3.2 平级调动管理

企业的调动管理是需要按照其战略发展目标，依据制度性的甄别程序，对有突出才干和突出贡献的个人实施职务晋升，而那些不积极工作、能力不足的员工则会降职处理。除此之外，在公司需要的前提下，也可以通过岗位轮换的方式实现员工岗位调动。

平级的调动一般是出于公司的业务需要或者是部门的调整，还有一些特殊的借岗调动。

出于公司业务需要以及部门调整的平级调动，一般由公司的各个相关部门共同协商决定。由HR下达通知，与调动员工进行沟通，意见达成一致后，需要出具书面的员工调动审批表和内部调整通知单，并交于公司相关部门与调动员工同时签署。

平级调动管理注重的是合理以及合法，要在客观情况下且不得不进行岗位调动的情况下进行平级调动，不得违法调动岗位，以免发生劳动纠纷。要知道，员工有权利拒绝岗位调动，HR要负责协商与沟通，若协商意见不能达成一致，HR可以提出解除劳动关系要求，并合法合理处理后续问题。

4.3.3 晋升管理

设置岗位晋升机制可以提升员工的工作积极性，为公司的发展提供动力。岗位晋升需要各部门综合评定，不是 HR 单独做出的决定。晋升调动也需要出具相关的书面文件，参与评定的部门需要签署相关文件，整个过程需要公开、公正才有利于协调公司的内部关系。

晋升的员工必须是对公司做出贡献，工作能力以及个人素质突出的人员。也就是说，员工的晋升也就是将其安排到更高等级的职位上。实现晋升的前提是员工能够胜任这一职位，并拥有相关的专业能力，能够在新的职位上为公司创造更大的收益。

员工晋升分为职位上的晋升和级别上的晋升两种。虽然都是晋升，但两者之间还是有一定区别：职位上的晋升能够增加员工在职位上的权利和责任，级别上的晋升不仅提高了员工的薪酬待遇，还提升了员工目前的职位级别。

公司晋升机制的建立和完善，是对员工的一种肯定，也是刺激和鼓励员工积极对待工作的重要手段。

具体的晋升条件如下：

①员工 6 个月内绩效考核均为合格。
②员工连续 3 个月的绩效考核均为优秀。
③员工个人工作能力出众，工作态度认真、负责。
④员工对企业有其他突出贡献，由公司高层决定给予晋升。
⑤员工在 6 个月内未受到公司任何行政处罚。

4.3.4 降职管理

同晋升相反，降职即将员工安排到较原职位更低的职位上，同时降低其薪酬、福利。员工降职往往会有这几点原因：工作不努力、不服从工作安排、工作成绩不佳、缺乏相关专业的知识和技能等。这些属于个人原因，有时也会有企业原因的存在，如企业因结构调整予以人员转任、企业结构精简等。

降职的具体条件如下：

①员工的绩效考核连续多次都不能够达到公司的标准，或者员工的年度绩效考核也不合格的。

②员工不能完成日常工作量，工作能力比较弱。

③因为自身的能力不足或者身体健康问题等原因，本人自动申请降职的。

④不遵守公司的规章制度、屡次违反规定，有公司高层认为应该予以对方降职、降薪处理的。

⑤公司调整内部组织结构，对相关人员进行职位上的调动。

降职与辞退都是一个负面的决定，甚至一些员工认为降职比起辞退更加"不光彩"，因为比起后者，前者还要继续面对朝夕相处的同事。因为降职的原因大多是因为工作能力不足，所以降职员工的心理健康建设成了HR降职管理工作的要点。

HR需要帮助降职员工进行心理疏导，让对方明白降职并不代表对其全盘否定，而是代表发现不足与改正不足的过程。对降职员工进行人文关怀，也能充分体现出一个企业的管理水平。虽然降职是一项令人失落的决定，但是一位优秀的HR仍然可以化干戈为玉帛。

不论是晋升还是降职，在员工收到公司的调动通知之后，HR就需要按照规定办理交接手续，并在规定时间内让其到新岗位报到。

在没有经过上级批准的情况下，即便完成了工作交接手续，员工无故不到新岗位报到将受到相应惩罚。

第5章
绩效与考核管理

5.1 绩效管理

5.1.1 绩效、绩效考核与绩效管理

一个公司如何对员工的工作进行有效的评定？绩效是目前来说最直观、最方便的统计办法。

那么，绩效考核以及绩效管理如何做到合理计算？进行绩效评定对于公司的发展来说又有着什么样的作用？HR制定绩效管理的计划以及绩效管理的实施又有着怎样的规律？

绩效能反映员工的工作效率，并且对于公司的发展有着清晰地规划作用。绩效评定以及绩效考核都属于绩效管理的工作内容，绩效管理的目标是实现公司战略发展，并且能客观反映各项业务的进度以及业务之间的平衡度。根据绩效的显示情况，公司能够在清晰发展目标的情况下，及时地对公司内部的发展情况做出调整。对于公司在职员工，绩效考核的目标是客观公平地反映员工的工作情况，根据绩效分析出员工的优点与缺点，排除员工工作中遇到的障碍，解决公司内部

制度的缺陷以及漏洞，完善公司内部的体系运作。

绩效在公司的运作过程中处在关键位置，绩效管理的实施是公司平稳进步的基础。只有清晰地了解公司内部存在的各种问题，合理的计划并完善制度，继续发展优势，填补缺陷，企业才能更快的进步。

5.1.2 绩效管理的定义与作用

绩效管理强调公司与员工的目标一致性。绩效管理的实施需要每一个员工的参与，绩效管理分为激励型绩效管理以及管控型绩效管理。

激励型绩效管理注重的是激发员工的积极性，为企业快速发展起到推动作用；管控型绩效管理注重的是员工的工作规范，比较适用于已经处于平稳发展期的企业。两种绩效管理方式都有利于企业发展，并不是为了评价员工的工作态度而设置的。

然而，仍然有不少人认为，绩效管理会对员工造成约束，不利于营造舒适放松的办公环境。这从侧面反映出，绩效管理要切合公司的问题而设置，才能真正地促进企业发展。单纯的绩效管理工作不仅不能达到绩效管理的目标，还会导致员工工作压力增加。

其实，绩效管理是一个循环往复的过程，首先要进行绩效策划，然后进行绩效辅导，最后进行绩效考核与反馈。这是人力资源研究机构根据我国各个企业的工作特征所制定的绩效管理体系，这个体系的任何一个环节都不可以缺少，而且每个步骤都相辅相成。

如果仅仅为了评价员工的工作表现，绩效的数字仅仅代表员工的工作态度的话，那么绩效管理的真实目标和目的则完全没有被显示出来，其带来的种种正面影响也自然而然地变为乌有。长此以往，对企业造成的负面影响则越来越大，员工面对的工作压力越来越大，考核过程中出现的不公平情况越来越多，这些都会影响企业的发展。所以 HR 要明确一点，绩效管理不单是进行绩效考核，绩效管理注重的是最终的目标，是否可以结合公司的战略发展，是否可以有效地在企业内部运行。

绩效管理的作用可以针对员工个人和公司组织两方面来看。对员工个人来说，科学合理地制定绩效管理计划可以促进员工的工作积极性，促使员工改正工作方法以及态度，促进员工个人发展。对于公司组织来说，合理的绩效管理能够发现公司运营问题，清晰地反映低绩效部门和业务所存在的问题，促使领导者及时有效地调整战略布局。

5.1.3 绩效管理流程及原则

首先，进行绩效评估，包括绩效的调研以及管理评估，并根据绩效评估出来的各项数据找出问题所在。其次，针对相关问题制定工作目标和工作计划，这一流程是确定绩效的目标计划。在有了明确的目标之后，就可以根据目标来设计工作方案，即绩效的管理方案。

在绩效管理方案正式实行之前，需要进行模拟实施，找到方案漏洞并完善管理计划。这一环节是对绩效方案模拟实施的分析，目的是保证设计的绩效管理方案没有严重的缺陷。之后就是针对一些低绩效问题进行辅导和改善，最后在组织内进行绩效管理的实施，接着回到绩效评估。整个流程一环扣一环，相辅相成。

进行绩效管理需要遵循的原则是，任何管理措施都要结合公司的实际情况。绩效管理是为了公司获取业绩和效益的管理措施，但降低管理成本，需要讲究实效和实际。

5.1.4 制订绩效管理计划

绩效管理计划的制订需要注意客观实际。制订计划是绩效管理中的基础环节，是为绩效管理作铺垫的环节，所以绩效管理计划的制订可以影响整个绩效管理流程。HR需要明确公司发展目标以及经营计划，其中包括企业的发展计划、部门运营计划以及个人工作计划，必须根据每一个岗位的不同工作特点来制订。

在HR的工作中，需要明白一点，没有绩效目标和绩效计划就没有绩效管理，一切工作的进行都会不尽人意。然而，制订计划也不能太过超前，更不能只计划眼前，切合实际才是制订绩效管理计划的正确做法。

5.1.5 绩效管理的实施

绩效管理在公司的实施过程中会遇到各种各样的问题，不论是员工还是HR经常会陷入几个误区。例如，绩效管理关系到整个公司的管理体系，是需要公司所有人员一起参与的管理措施，并不只是HR的工作。但一些部门的员工和主管没有正确认识绩效管理工作，认为只是HR的工作。

这种认知误区与公司的发展规模和员工本身的素质有关。在公司规模还不够大的情况下，负责对外业务的员工就是公司的主力军，但业务部门注重的是业绩而不是公司的运作体系，业务部门在前期工作繁重，所以部门经理也并不愿意分出时间和精力来处理绩效工作。实际上，各个部门的管理人员都是绩效管理工作的负责者，他们既是考核者也是被考核者。

所以，员工需要进行绩效管理的培训，让员工有绩效管理的意识和认知。只要HR坚持大力推进绩效管理工作，让大家认识到绩效管理的优点，那么绩效管理就会得到各个部门以及员工的重视。

除此之外，对绩效考核也有人存在一些错误的理解。例如，很大一部分员工认为绩效考核就是考核自己有没有认真工作，好像时时刻刻有人在监督着自己，感觉受到约束，而且 HR 也会出现重考核轻分析的情况，如此一来员工自然不能理解绩效考核的真正意义。正确的做法要从 HR 自身做起，为低绩效员工做培训，重视员工绩效分析，为员工提供工作帮助，实施制订计划、制订目标、辅导实施、考核评价等完整的绩效管理流程，不可缺少任何环节。对于员工和各部门管理层人员，要积极进行沟通，让员工都能明白绩效管理带来的益处。

绩效管理的实施是一个不断试错、不断优化的过程，可以使公司运营井井有条，帮助公司全体员工朝着同一个发展目标不断进步。

5.1.6 数据收集与分析

可以说，绩效管理运作的依据就是数据。绩效管理就是将大家的工作进程以及状态等汇聚成为清晰直观的数据，而收集以及分析数据的工作是为制订下一个绩效目标打基础。

收集数据要注意全面以及有效，而且分析数据也要注意客观真实，不要只从一个角度分析。

从公司层面来说，要收集各项经营指标的完成情况和各项经营数据；对于员工来说，要收集个人工作任务和目标的完成情况。

5.2 绩效考核管理

绩效考核是绩效管理中的一环，检验的是员工的工作成果以及工作效率。

绩效考核的重点是绩效数据的管理以及薪酬的计算，可以说薪酬与绩效密不可分。一般薪酬的构成为固定工资部分和绩效工资部分，而绩效工资起到的便是激励作用。

绩效考核要明确一个概念，即绩效考核是一个系统工程，其中包括战略目标体系的设置，以及责任体系和评价体系的设置。绩效考核能促进企业综合能力的提升，HR应做到人尽其才，将人才资源优势充分发挥出来。

5.2.1 绩效考核流程及指标

进行绩效考核，首先要制定合理的考核计划，明确此次考核的对象以及目的，正确选择考核的内容和方法以及合理安排考核的时间。之后进行考核准备，包括确定考核标准、考核选题以及考核人员。在确定考核人员时，HR应该考虑考核人员是否熟悉考核方法、掌握考核标准等因素，然后需要收集考核资料信息，最后整合考核的分值和等级等数据来做分析。

注意，绩效考核过程中目标很重要，只有设立了正确清晰地目标，员工的工作才能朝着明确的方向发展。同时，量化标准的设置也很关键。但很多HR的考核标准太过模糊，导致考核马马虎虎，起不到绩效考核的真正作用。

除了以上提到的清晰目标、清晰标准两项绩效考核指标外，还有几项重要的指标，分别是考核与薪酬挂钩、具有实际可操作性等。绩效考核要与薪酬挂钩，是因为有了实质性的利益奖励，才能引起大家的重视。

绩效考核注重的是平时的累积、接受考核的成果以及考核结果的时效性，所以在制定绩效管理计划时，要针对企业实际情况来合理规划。

5.2.2 绩效考核形式

绩效管理系统沿用至今，绩效考核的形式也变得丰富起来，如今绩效考核最简单的分类方式就是日常考评与定期考评。

这两种考评方式很容易理解，日常考评就是对每日的出勤情况和工作效率等进行考评；定期考评指的是在一个固定的时期进行考评，例如年度考评和季度、月度考评。

除此之外，还有针对不同考核主体而划分的管理层考核以及员工考核，前者是指包括财务、客户与伙伴、组织与流程、成长能力四个维度的管理层考核，一般周期长，也可视为定期考评；后者是指以员工为主体主要进行业绩、态度、能力三方面的考核。

而针对不同的企业运作模式，也有不同的绩效考核模式，如关键绩效指标考核法、目标管理考核方法、平衡计分法、全方位（360度）绩效评估反馈制度、主管述职评价方法。

关键绩效指标考核法又称KPI。这种考核方法最核心的内容就是能够将最关键的指标提取出来，进行绩效考核。实行KPI方法进行绩效考核的要求是企业中的各项数据必须有效量化，而且必须注重客观性以及可操作性，是很多公司都在施行的考核方法。

目标管理考核方法，也叫MBO，考核方式是将企业目标分级下达给各个部门以及员工，需要制订工作目标、计划以及期限，然后进行循环考核。使用这类考核方法一定要明确目标，才能保证考核工作正常进行。

平衡计分法，也称作BSC。这类考核方法注重的不仅是现在的绩效，还有未来的绩效，是一种通过财务部门、顾客、企业内部运作以及企业成长来进行绩效考核的方法。所以，其考核的数据不仅是最近时间的业绩和产出，也考核未来企业发展的潜力。

全方位绩效评估反馈制度，简称360度绩效评估反馈制度，是让员工的上同下三个不同等级的同事，以及客户来进行评价。这类考核方式主要是为了选拔潜在人才。

主管述职评价方法，通常只适用于部门主管，是针对企业中高管理层的考核方法。

5.2.3 绩效考核主体

绩效考核的主体并不是固定不变的，尤其是在全方位绩效评估反馈制度中可以看出，考评的主体可分为上级、同级、下级以及客户。

上级考评指的是由上级管理人员对下级员工进行考评，是一个上对下的考评过程。但上级考评不太理想的是，身为直属部门的上下级，工作中会经常接触沟通，考核结果可能会因为考核主管的个人主观因素而产生偏差。同级考评就是在同事之间相互考评，但存在一个缺点，因为大家都在一起工作，相互考评的结果很有可能受到同事关系的影响。下属考评是指下属员工对部门主管的考评，一般会选出一名员工作为代表，以计分的形式来评价。客户考评在一定的情况下，最能反映员工的工作效率，所以一些考核模式中也将客户考评加入绩效考核中。自我考评就是指被考评者自己对自己的考评，这种方式虽然可以利于被考评者根据考评内容约束自己，但是一般来讲自我考评的结果都存在虚高的情况。

5.2.4 绩效考核管理机构

绩效管理机构一般由绩效管理评审会、部门考核小组以及HR组成，每一个组成部门都有不同的职责。从某种意义上来说，构建绩效管理机构在一定程度上分担了HR工作，减轻了其工作压力。

绩效管理评审会的成员通常包括总经理和各部门负责人，总经理为评审会主任。评审会的主要职责是，协助公司制定发展目标、实施有效的绩效管理、设计公司运作发展的各项指标、制定公司主要的绩效管理体系、确认绩效考核的时间以及周期、对各部门负责人的定期考核、组织分析考评数据以及结果。

概括而言，绩效管理评审会参与了绩效管理体系的整个流程，也是进行数据分析的主要部门。

部门考核小组是由部门考核人员以及部门主管组成，其主要的工作内容为，根据上级制订的战略目标来制定本部门的工作重点以及考核内容、确认绩效考核计划、执行上级部门制订的计划、与下属员工沟通并制定合理的绩效改进计划、为公司绩效管理的优化提出意见和建议。

换句话说，部门考核小组的工作主要在于执行和反馈——执行上级制定的计划，反馈计划实施中出现的问题。

最后是HR，其工作主要是进行绩效管理培训、为各部门进行绩效管理提供帮助、组织绩效管理工作的开展、审核考核数据、计算绩效奖励、监督绩效管理的实施。

简而言之，HR所进行的工作主要是组织、推进、监督绩效管理的实施，为绩效管理系统正常运作提供有效帮助。

5.2.5 绩效考核反馈

绩效考核反馈是绩效管理中的最后一环，而且绩效管理实行的最终效果也会受到绩效考核反馈的影响。绩效考核反馈是指在考核结束后，将考核结果反馈给被考核对象，这一环节的工作决定了绩效管理的实施是否能够达到最终目的。

反馈绩效考核结果的目的是通过交流，让员工意识到自己工作的不足以及优点，并且根据考核结果让其清楚地认识到自己该如何进步和提高工作效率。

无论绩效考核的形式和期限是什么，HR的反馈应该形成常态。HR发现问题就要及时指出，员工就可以及时修正。如果反馈不及时，那么在发现问题和解决问题期间就会不断产生损失。

在进行反馈面谈时，HR 需要注意的是，就事论事，即主要评估的是员工的工作效率以及工作态度等，不应该上升到员工的个人性格特征（若员工的工作绩效受本人的性格影响，那么应该适当地指出）。

在讨论过程中，HR 还需要注意的是，要让员工多表达，不要一味地站在管理者的角度上批评员工，还要站在工作伙伴角度上与员工进行沟通。因为在实际工作中，员工相比 HR 更清楚自己工作中的问题和困难，所以 HR 要多倾听，而不是一味地发号施令。

绩效考核反馈非常重要。可以说，绩效考核推动企业发展的效果如何就体现在考核反馈这个环节上，所以一定要认真做好绩效考核反馈，将其作用发挥到最大。

5.3 考勤管理

5.3.1 考勤管理流程及原则

员工的出勤情况反映的是员工的工作态度。考勤管理是企业管理中最基本的管理，企业会规定员工在工作日的上下班时间，并通过打卡等方式进行考勤，而使用最多的就是指纹打卡机、打卡软件以及 HR 的管理软件。

考勤管理是 HR 主要工作职责之一。HR 制定考勤管理制度，经过总经理审批同意后开始执行。各部门进行考勤记录，然后反馈给 HR。HR 定期检查考勤记录，对其中的问题进行判断，并探讨是否需要修改考勤制度。若出现违规状况上报总经理审批，并定期汇总考勤记录，进行工资核算和各项年终奖核算。

执行考勤管理需要总经理、HR 以及各部门的相互配合。总经理的工作职责是审批考勤管理制度以及考勤违规情况的奖惩意见。HR的工作职责是制定考勤管理制度，汇总考勤记录，不定期监督抽查考勤情况，对考勤制度存在的问题进行修改和优化。各部门负责每天记录考勤情况，并且按时上交考勤结果。

考勤情况的记录必须清楚，不论是员工还是管理层一视同仁。HR必须实事求是、公平公正地汇总各个员工的出勤情况，要求每位员工必须认真执行考勤制度。

5.3.2 考勤打卡管理规定

1. 每个员工上下班必须打卡，若有午休时间，可规定一天四次打卡或两次打卡。

2. 若无特殊原因不得不打卡，不允许他人代打卡。

3. 因为特殊原因不能打卡的员工需要向部门主管申请，必须获得批准并签字，否则就视为旷工。

4. 对于迟到早退的员工，需要按照规定处罚条件进行处理，若次数过多，应出具书面警告。

5. 迟到时间超过条例规定的应记为旷工。

6. 针对无故旷工的员工，且无故旷工次数过多，需要进行处罚，甚至可以考虑辞退。

5.3.3 统计员工考勤情况

统计和记录考勤情况的考勤员应由HR指派，并遵循绩效考核原则，保存好各类假条。注意，考勤记录不得涂改，填写错误应当及时改正，核对无误后纳入考勤记录中。

统计员工考勤情况之前，首先需要制定完整的相关规定，在正常的出勤情况下，要特别注意迟到、早退、旷工、病假、事假这些特殊事项。

员工请假需要根据不同的原因开具假条所需的相关手续。病假需要出具病假证明书，若因为病重不能到岗的，需要托人电话通知公司，后续补上病休证明，病假时长应当由员工在岗时间确定。

事假需要先办理请假手续再离岗，请假天数不同，批准人也会不同。例如，请假3天需要提交部门主管批准，3天以上由总经理批准。员工在一年内累计请假超过一定时间的，不能享受年终福利等奖励。享受公假的员工由部门主管批准，请假期间不扣除工资。

所有类型的请假都必须到人事部领取相应的请假单，填写完并经过负责人签字批准后再交回人事部。

5.3.4 加班、出差及休假的考勤管理

加班员工需要填写加班申请表，由部门主管审核通过后，按照相应的加班时长安排调休，特殊情况下不能安排调休的，则按规定计算加班工资。

由于工作需要，前往异地进行业务处理，或者参加公司安排的其他活动，这一行为被称为"出差"。以下是企业员工出差制度的内容与制定方法：

1. 出差审批。

（1）员工出差必须通过企业规定的工作软件，如钉钉等，向上级主管申请出差。如果出差时间在3天及以上的，或者是出差国外的人员一律都由企业总经理进行审批。在没有经过上级审批通过的情况下，如果私自出差，那么相关的费用不会给予报销；如果是遇到紧急的情况，在经过上级主管口头批准之后可以出差，但在出差当日必须在企业的工作软件上填补出差申请。

（2）员工提交出差申请需要详细说明出差的地点、时间、人数、使用的交通

工具以及出差的事由等。

（3）出差员工应该凭其申请通过的《出差申请表》办理相关的出差手续，而后才能出行。因私事外出的仅需凭请假条就可以出行。

（4）由于员工等级、职权的不同，公司的高级专员或主管需要出差时，通常由其上级主管负责审批。

（5）对于普通员工，在申请出差业务时，由其部门主管负责具体的审批工作。

2. 具体管理。

（1）因公事需要出差的，在出差前需要填写完成《出差申请表》，并注明本次出差的路线、事由、计划以及出差大概的费用预算。

（2）企业员工的出差申请只有在经过所属部门主管的审批通过后才能生效，如果申请没有通过，那么在出差过程中的所有费用都不能报销。

（3）在出差过程中，员工需要按照出差前填写的《出差申请表》中的路线、计划进行，不可以利用出差进行私人娱乐活动。由于工作而产生的一切费用都需要保存当时的小票、收据或发票，以便回到公司之后进行核算及报销。

（4）出差期间如果遇到了国家规定的法定节假日，那么在出差后可以对其申请调休。

（5）一般情况下，出差的员工不需要遵照企业的考勤制度，比如签到、打卡等，但在一天的工作结束之后，同样需要将当天的工作内容汇报给部门主管，并告知其之后的工作计划。

3. 差旅费的报销范围及标准。

差旅费是指员工出差过程中产生的费用，包括交通、餐饮、住宿等一切合理的支出。

（1）差旅费的申领。

①出差人员需要在出差前1天，预算出差所需的费用，然后填写出差费用的借款凭证。

②将填写好的借款凭证交给总经理签字，再由财务经理对其进行核实。

③申请通过之后，便可以到企业出纳处进行借款。

（2）报销范围。

①虽然差旅费所包含的内容很广泛，几乎涵盖了员工在出差过程中可能产生的所有费用，但员工在出差时由于接待客户、联络关系所产生的费用通常不包括在内。如果在接待客户、联络关系时有必不可少的费用，可以向上级主管报告，得到其批准后可将这项费用记录在报销单中。

②出差过程中，私人活动产生的费用是不予以报销的。例如，员工为了放松身心而去做按摩，所产生的费用需要由个人承担。

（3）费用标准。

①外出交通费：见表5.3.1。

表5.3.1 外出交通费示例表

职级	火车动车3小时以内到达	火车动车3小时至6小时到达	火车动车6小时以上到达	备注
副总经理	按需要选择，飞机只报销经济舱，火车可报销软卧、动车，轮船报销二等舱（含）以下船票			
经理级别（包含）以上	火车硬卧、软座、动车或汽车	飞机或者火车动车	飞机或者火车动车	特殊情况经总经理批准可乘飞机
其他员工	火车硬座、动车或汽车	火车硬卧、硬座、动车或长途汽车	火车硬卧、动车或长途汽车	特殊情况经总经理批准可乘飞机

②市内交通费：指出差期间的市内交通费，其中包括自驾汽车、公共汽车、地铁、中巴、出租车等，以及因此产生的相应的过桥、停车等收取的费用，并且市内交通费是实行实报实销制度的。另外，如果出差人员自备了像汽车此类的交通工具，那么按照行程的公里数进行报销，通常是按照每公里1.2元的燃油费标

准进行补助。

③住宿费标准：以标准间进行计价，见表5.3.2。

表5.3.2 出差住宿费标准补贴示例表

人员/地区	费用标准（单位：元）		
	特区、省会城市、省辖市	直辖市	县级市及以下
经理级别以上包含经理	350	250	200
其他人员	250	180	120

④出差的用餐费用以及通信费用补贴：用餐费用和通信费用并不包括员工在工作以外与人聚餐或与人通话产生的费用，只有自身的用餐费和由于工作产生的通信费用才能予以报销，并且需要根据一定的标准执行。具体标准见表5.3.3。

表5.3.3 出差用餐费用及通信费用补贴示例表

职级	费用标准		
	餐费补贴	通信补贴	
副总经理	100	50	单位：人次、元/天
经理级以上，包含经理	80	30	
其他员工	50	20	

（4）差旅费的计算标准。

①对于差旅费用的报销，其中的交通费用可以根据相关票据进行核实与报销，而餐饮费、住宿费等则是根据公司的限额进行报销。市区交通费的报销则以等级制划分开，身为经理级别以上且包含经理，可以乘坐出租车，而后凭票进行

报销，一般人员只能乘坐公交车，而后凭票据进行报销。

②出差是为了工作，而并非个人消遣，因此企业有必要限制员工出差过程中使用的交通工具，主要以客车、轮船、硬座为主，软卧、高等舱等规格需要严格控制。

另外，若是目的地较远（超过800公里）或乘车时间较长（超过8小时），员工可以选择硬卧。如果达到购买硬卧的标准仍选择硬座，在进行报销时可以享受额外的补贴。如果出差过程中遇到了特殊情况，必须经过分管主管的批示，方可执行。

③与客户商谈的过程中，若提前得到上级主管批准，所产生的各项费用也能够进行报销。一般情况下，所产生的费用越低，报销的流程就越简单，反之则越复杂。如花销在3000元以内的，只需要经过公司分管主管的批准就可以进行报销；如果花销超过3000元，就需要向总经理提出申请，在其同意之后才可以根据发票进行报销。

④差旅费根据出差人员不同的级别也有所差距。通常高层人员的差旅费是高于普通职员的，如果普通职员和高层管理人员一同出差，普通职员也可以根据高层管理人员的标准申领差旅费。

⑤出差人员需要整理出差过程中产生的一切可报销费用的票据，在公司规定的范围内向公司提出报销申请，超过标准部分的费用就只能自负。

第6章
薪酬与福利管理

6.1 了解薪酬管理

6.1.1 薪酬的概念与分类

　　薪酬有很多种常见的说法，比如薪水、工资等。公司为员工发放薪酬，是因为员工为公司提供了所需劳动力，公司对其进行的一种补偿形式。公司的补偿形式不仅有直接的金钱报酬，还有一些非金钱形式的报酬，所以又可以分为间接的金钱薪酬以及非金钱薪酬。

　　直接的金钱报酬就是指公司按照标准直接向员工发放工资；间接的金钱报酬指的是不直接以金钱的形式发放工资，而是为员工缴纳养老保险、社会保险、医疗保险等，减少员工额外开支的报酬；非金钱报酬的意思是指不通过任何直接的或间接的金钱报酬来为员工提供福利，如提供个人成长空间、实现个人价值、提供舒适的工作环境以及工作氛围等，给员工带来心理上的满足。

6.1.2 薪酬管理的定义及作用

企业为员工提供报酬，HR需要帮助公司建立薪酬的支付原则、薪酬的标准、进行薪酬的计算以及计划、构建薪酬的结构，这些工作都属于薪酬管理的范畴。

薪酬管理是企业在国家政策的允许范围之内运用不同的方法来进行调节的管理制度，包括制定的各项奖惩制度以及规章制度。但无论哪种制度都必须遵循按劳分配、公平、公正、公开的原则，所以HR的工作也包括如何通过提升薪酬管理水平来提高员工的满意度。

进而言之，制定薪酬制度的过程中要注意合法、公平、效益这三个目标。合法是所有制度的基本前提，也是企业发展的基础，因此在设置薪酬制度时要注意符合法律法规。

公平，即做到分配公平、过程公平、机会公平。

分配公平指的是在实施各项奖励措施时，一定要按照制定的奖惩标准。员工对于分配公平的认知首先是自己的付出与薪酬成正比，称为自我公平；同一企业内不同岗位上的员工的付出与薪酬成正比，称为内部公平；同一行业、同一地域、同一规模的不同公司中相似的职位之间的薪酬基本相同，称作外部公平。达到这三个层面的公平，才是真正的分配公平。

过程公平指的是在做出奖惩决定时，判断的方式要依据公正原则，确保评审过程公开、评审程序一致、评审指标相同。

机会公平是指企业内赋予所有员工同样的个人发展机会，不同岗位的员工在组织和决策事项之前要与相关部门员工进行协商。

效益可以从两个角度来分析：一是投入，二是回报。薪酬管理是要评估薪酬能够给公司带来多少回报，通过对薪酬的控制来为公司提供更大的价值回报。

进行薪酬管理体现的是一个企业以员工为本的理念。每一位员工都是劳动者，给予劳动者符合其水平的报酬，是对员工工作价值的肯定。同时，薪酬管理也是企业的发展战略之一，属于人才战略的组成部分。

合理的薪酬管理能够为企业留住人才，也可以吸引外部人才加入，合理的薪酬分配能够让员工更加明确企业的工作重点，奖惩分明的薪酬鼓励制度能使公司内部工作氛围积极向上，从而提升公司与其他企业的竞争力。

6.2 薪酬管理

6.2.1 薪酬水平管理

薪酬管理内容可以大致分为两个部分：一个是薪酬体系设计，另一个是薪酬的日常管理。

薪酬的体系设计包括薪酬水平设计和结构设计。薪酬水平设计是进行薪酬管理的前提，建立合理的薪酬水平设计和结构设计才能保证薪酬管理体系正常运作。薪酬的日常管理包含的是薪酬预算、薪酬的调整和薪酬支付，薪酬的日常管理也可称作薪酬成本的管理。日常管理是薪酬管理中的重要工作，也是实现薪酬管理目标的重要因素。

在公司中不同级别的员工拥有不同的薪酬水平，这是根据不同岗位对公司做出的不同贡献而制定的薪酬差距。薪酬的不同水平在公司内外都有着影响因素：在公司外部取决于劳动市场的供求管理与人才市场的薪酬水平，在公司内部则取决于员工的绩效、职位、公司的经济水平以及薪酬的分配结构。此外，还有一些人为因素和心理因素。

要进行薪酬水平管理，首先要进行薪酬水平的衡量。一般来说进行薪酬水平衡量的常用指标有两个，分别是薪酬平均率和增薪幅度。

薪酬平均率即实际平均薪酬和薪酬幅度的中间数之比。当薪酬平均率等于1时，说明企业支付的薪酬符合平均水平；若薪酬平均率小于并接近1，说明企业支付的薪酬接近薪酬平均水平；当薪酬平均率大于1，说明企业支付的薪酬超过了薪酬平均值。从薪酬平均率可以看出，企业支付的薪酬相较于平均薪酬的高低，如果低于平均薪酬往往会导致人才流失，员工不满；如果高于平均薪酬则不利于公司在薪酬上的成本投入，所以在进行薪酬水平管理时要注意薪酬平均率的均衡。

增薪幅度指的是企业的各个员工平均的薪酬增长数值。增薪幅度可以通过本年度的平均薪酬水平减去上年度的平均薪酬水平得到，所得数值越大，说明企业的薪酬成本增长越快。

6.2.2 薪酬外部竞争性管理

薪酬外部竞争性是指，因企业薪酬水平的高低，导致其在市场上与其他公司的竞争能力的高低。薪酬外部竞争性的管理有着对外树立企业形象的作用，代表着企业在市场上对于优秀人才的态度。

影响外部竞争的因素有企业主要生产的产品、劳动力市场以及企业内部三个因素：企业生产的产品受市场需求和同类型产品竞争因素影响；劳动力市场因素受需求和供给双方的影响；企业内部的因素有企业战略、企业规模以及企业实行的政策等。

薪酬外部竞争性管理起到吸引人才、激励内部员工的作用，同时也可以控制劳动力成本。薪酬外部竞争性管理还有四种不同的策略类型：

1.市场领先策略，是指将企业的薪酬水平提高至劳动力市场平均水平之上。这类策略的优点是能够吸引和保留高质量人才，可以掩盖工作本身的缺点，但可能会导致员工跳槽率升高，同时也会带来更高的薪酬成本投入。

一般而言，用高薪酬来吸引人才加入的策略更适用于快速成长的企业。通常，在一些薪酬成本占企业总成本比率低的企业中，由于薪酬支出变得不是很重要，所以可以采用市场领先的策略来提高竞争性。

2. 市场匹配策略，是企业最常用的策略，即根据市场的薪酬平均水平来确定自己的薪酬水平。其优点是可以使企业的竞争力接近竞争对手企业，避免与竞争对手企业差距加大；缺点是由于追求平均水平，所以在劳动力市场上没有突出的优势，招聘人才需要耗费更多时间以及人力资源。这类策略适用于有一定基础的企业，有利于在发展过程中与同类型企业缩小差距。

3. 拖后策略，其意为企业的薪酬水平处于劳动力市场的平均水平之下。这类措施的优点就是节省薪酬成本，但针对企业内部员工来说，需要提高未来的回报作为补偿，有助于提高员工和企业的契合度以及信任度；缺点是不利于吸引人才，员工流失率较高。

一般而言这类策略适用于经济状况出现危机的企业，可以缩小人工成本。但是使用这类方式时需要注意员工的薪酬要在非金钱形式上加大力度，否则将面临大量员工流失的风险。

4. 混合策略，是根据职位的不同设置不同的薪酬水平，拥有高度的灵活性，多用于稀缺人才。提高关键职位的薪酬水平，既提高了企业的竞争力，又可以控制企业的薪酬成本。这类策略是相对科学的薪酬策略，企业可以广泛使用。

6.2.3　薪酬满意度管理

薪酬的满意度其实就是员工在获得薪酬之后的心理反应。薪酬满意度反映的是员工的心理期望值，所得薪酬超出期望值代表着满意，达到期望值代表着基本满意。

员工对于薪酬的满意度越高，薪酬所带来的正面激励效果就越明显，员工的工作效率将得到提升，而且能留住更多优秀人才。员工的薪酬满意度越低，正面效果作用就越不明显，久而久之导致负面效果，造成人才流失。

进行薪酬满意度管理，就是为了发挥出薪酬的激励作用，提高员工的工作效率，发挥员工的个人能力，留住人才，进一步促进企业提高市场竞争力。

影响薪酬满意度的三个因素就是薪酬管理中提到的外部公平、内部公平和个人公平。简单来说，就是员工与其他企业相同职位的员工薪酬做的对比、与公司内其他员工薪酬做的对比和与自己所付出的劳动力所应得的薪酬做的对比。

如何提高薪酬满意度，是薪酬满意度管理的重点工作。薪酬满意度的高低主要取决于分配是否公平。HR要从思想上正确引导员工看待自己的岗位——进行岗位测评和岗位价值评估，能有效地让员工明确岗位价值。

通常，薪酬的发放都是采用的保密制度，但这样的方法会影响员工对于薪酬管理公平性的判断，需要HR与员工进行有效的沟通，增强员工对企业管理的信任度，才能发挥出薪酬的激励作用，有效解决内部公平问题。

HR在确定薪酬成本时，不仅要考虑到外部公平，也要结合企业自身的承受能力，用合理的薪酬提高员工的满意度。

薪酬是激励员工的主要方式，建立完整的薪酬体系制度，才能保证薪酬发挥激励作用。

6.2.4 薪酬结构设计管理

薪酬的构成一般不是单一的，在设计薪酬结构时，一定要注意内部公平、外部竞争力以及符合企业发展这三个原则。

薪酬结构设计的流程首先是要进行工作分析，确定工作的目的、职责以及与其他岗位的工作关系，在人员的配置上要考虑所用人员与工作的匹配性。一般在进行工作分析之后会出具职位说明书，记录职位的性质、职位贡献、任职要求以及能力要求。

之后进行岗位评估，即通过统一的标准，对公司内的所有职位进行评估，确定各个职位的价值。岗位评估是根据工作分析进行同类比较和标准比较，前者注重相同工作之间的比较，后者则是与统一标准的比较。在进行岗位评估时，要注意客观性和公平性。

接下来就是内部等级的确定。这一环节主要是为了反映企业内不同岗位之间的价值关系，解决内部公平的问题。内部等级有两种方式，分别为阶梯向和纵向。阶梯向的体系相对来说非常细致，并且注重于职位的晋升，但是管理人员弹性较小。纵向的体系相对来说比较宽泛，支持的是企业内部结构的扁平化，有利于内部人才流动，适用性更强，但是对管理者要求更高。

确定内部等级后进行的环节是薪酬调查。这一环节解决的是外部公平问题，通过了解劳动力市场各企业的薪酬水平，来确定本企业的薪酬水平，有助于招募人才，并提高企业的竞争力。

最后是薪酬结构的系统设计，这一步要注重的是，薪酬结构要符合企业的承受能力。

6.2.5 薪酬形式管理

薪酬的形式主要分货币形式和非货币形式。

货币形式是员工得到的基本货币收入，也是固定的收入，与个人的工作经验和贡献有关，也包括绩效工资，即根据员工的日常表现以及工作效率而派发的报酬，而且是浮动的，每个月根据员工的具体情况确定多与少，甚至可以看作是加薪的一种方式。

货币形式包括的另一种收入就是奖金。奖金是在员工优秀绩效的基础上派发的奖励薪酬，可起到激励作用。奖金与员工所在部门的绩效目标完成情况有着直接关系。

奖金与绩效的区别是：奖金是根据工作目标完成情况而给予的，绩效是在考核之后根据个人工作情况给予的。

非货币形式包含了各类服务和福利，一般多为员工福利，也算作薪酬的一种形式。非货币薪酬为员工带来的是各种各样的休假以及保障，也是吸引人才加入的一种方式。

在计算员工的薪酬时，要将货币形式以及非货币形式的薪酬分辨清楚，在公司不能提供吸引人的货币薪酬条件时，也可适当地增加非货币形式的薪酬。

6.2.6 特殊岗位薪酬管理

在企业中，一些岗位在工作难度、工作时长、工作性质上相较于其他岗位来说比较特殊，这些岗位一般对于公司的发展有着重要的意义，多为主管岗、销售岗、科研岗等。

这样的岗位如果经常更换任职人员，会对企业带来负面影响。那么要留住人才，就要匹配合适的薪酬管理制度。所以根据岗位不同，选出企业中的特殊员工群体进行针对性的薪酬管理，是稳固企业老员工和重要员工的一项措施。

接下来我们依次分析各个特殊岗位员工的工作特性以及薪酬制度，见表6.2.1。

表6.2.1　特殊员工的工作特性及薪酬制度

	工作特性	薪酬制度
管理层岗位	关注企业的内外部发展情况 制定企业的发展目标 为企业发展争取资源	强调年度红利 强调年薪 长期激励计划 强调福利以及津贴

续表

	工作特性	薪酬制度
销售岗位	工作时间以及方式灵活性高 直接面临客户 代表企业形象 业绩有风险性	薪酬与绩效挂钩 福利灵活 薪酬水平外部竞争性高 薪酬组合方式多样化
专业岗位	工作时间长，业绩难以计算 工作压力大 工作方式特殊，多为团队工作 高素质人才	薪酬按照专业水平以及资历来定 薪酬不与绩效挂钩 强调奖金以及利益性分红 注重福利

在薪酬设计上，管理层的薪酬构成因素主要为基本薪酬、年度红利、长期激励计划以及福利和津贴。其中，年度红利为短期激励，而长期激励包括股票等。管理层人员一般实行的是拥有激励性、约束性以及共存性等特点的年薪制，将管理层人员的自身利益与公司利益结合起来，能够更好地留用管理层人才。

销售人员的薪酬一般以完成的销售目标为准，以基本薪酬加各类不同的薪酬制来形成更多的薪酬形式，用完成销售目标的百分比来计算。

专业技术人员的薪酬构成一般为基本薪酬和加薪构成。技术人员的基本薪酬要与其工作的年限以及技术水平挂钩，并附带一些福利。对于技术人员来讲，培训的机会更受欢迎。

6.2.7 薪酬发放管理

薪酬发放管理是公司规范薪酬管理的措施，也是保障员工合法权利的措施。薪酬发放应该坚持效率、公平的原则，根据制定的薪酬管理体系，认真核算并一次性付清员工的薪酬。

HR 是薪酬发放的负责人，需要制定薪酬发放相关制度，汇总核算每一个人的应得薪酬，规范流程并组织实施薪酬发放。最后，HR需要通过多种形式通知员工薪酬的发放情况，并负责解决员工的薪酬疑问。

严谨的薪酬发放制度和时间的设立有助于员工更加信任公司，也可以树立良好的企业形象。

6.3 福利管理

6.3.1 企业福利的组成与常见类型

福利的类型多种多样，是企业为员工提供生活保障的一种形式。福利可以增加员工对企业的依赖感和信任感，还有利于树立企业良好形象，增加企业的劳动力市场竞争能力，对招揽、留用人才很有帮助。

福利制度的设立对于员工和企业来说都有着正面的积极作用，但前提是必须要遵循公平、合理的原则，并且由HR进行统筹和规划。

企业福利一般由两部分组成，分为法定福利和组织福利。法定福利是政府要求企业为职工提供的一系列保障，主要包括一些社会保险以及法定的假期。组织福利是指企业自发的在员工正常的薪酬收入和法定福利之外设立的福利政策，一般包括津贴、实物补贴以及组织活动等。两者之间最大的区别就是前者为国家强制执行的法律政策，后者是企业自发设立的企业政策。

法定福利常见的类型有社会保险、住房公积金、法定带薪休假等；组织福利类型有员工餐厅、购车和购房贷款、员工进修培训、年度体检、生日津贴、员工持股期权、购物卡、代金券等。

6.3.2 企业相关的福利制度和规则

企业制定的相关福利制度要符合企业职工的权利，能够真正帮助员工的生活有所改善。企业要确保福利的平均性、弹性、实效性、员工参与感以及员工认同感，切实与员工的绩效相匹配，发挥激励作用。

设置福利要创新多变，在福利项目的安排上体现对待不同人才的弹性。同时，也要注意实效性，要通过沟通让员工明确了解福利的意义，发挥福利的作用。

在福利的设置上，应增加员工的参与感，提高员工对福利设置的满意度。另外，应与员工进行有效沟通，加强员工对于福利价值的认识，有助于用合理的福利制度发挥最好的效果，加强员工对企业的依赖度和信任度，促进企业内部和谐发展。

6.4 社会保险

6.4.1 社会保险的组成

社会保险是为丧失劳动能力、暂时失去劳动岗位或因健康原因造成损失的人口提供收入或补偿的一种社会和经济制度。社会保险是强制性将某一群体收入的一部分缴纳社会保险，当作社会保险金。当被保险人满足社会保险补偿情况时，则可以从社会保险金中获得补偿。社会保险金的设立目的是保证社会稳定秩序，保证劳动力再生产。社会保险属于社会保障体系中重要的部分，处在社会保障体系的中心位置。劳动者只有按时履行了缴费的义务，在满足了补偿条件时才能收到社会保险的补偿。

社会保险是我国的一种经济制度，主要包括医疗保险、失业保险、工伤保险、养老保险以及生育保险。

医疗保险是城镇职工的基本保险制度，所有企业无论是国有还是私有以及任何形式的用人单位，都要参加医疗保险。医疗保险一般是由统筹金和个人账户组成，基本的医疗保险费由用人企业和员工个人的账户构成。所以，医疗保险费用是由用人企业和员工个人共同缴纳的，企业缴纳比例为8%，个人缴纳比例为2%。用人企业缴纳的部分医疗保险金是医疗保险社会统筹金，这部分统筹金主要用于员工住院和慢性门诊治疗以及抢救费用。若发生的基本医疗保险费用达到补偿标准，并且在最高补偿以下的正规合法医疗费用，员工个人也要负担一部分费用。员工个人缴纳的医疗保险金主要用于在定点医疗机构和定点药店消费使用，若支付超出医疗保险金则可以用现金支付，员工的个人账户可以转结和继承。参加医疗保险的用人企业和员工个人必须参加大额医疗保险，并且按时缴纳保险费和大额医疗保险费，才能正常享受医疗保险的报销待遇。

失业保险是国家强制立法执行的政策，是对暂时失业、没有经济来源的劳动者进行物质帮助的一项制度。所有用人企业以及个人都要办理失业保险，失业保险主要保障失业人员的基本生活。失业保险也是由用人企业和员工个人共同缴纳的，企业根据本公司工资总额，以2%的额度缴纳失业保险金，参保的员工按照其本人工资的1%缴纳保险金。若企业工资无固定额的按照本地的社会平均工资缴纳失业保险金，工作是农牧民以及合同制工人其本人不参与缴纳失业保险金。目前我国参加失业保险的职工包括在岗职工、停职留薪职工、外聘外借职工、内退职工等在册职工。进入再就业中心的下岗职工，城镇企业失业人员和本人所在企业已经履行缴纳义务满一年的、因意外情况非本人自愿失业的、办理失业登记的都可享受失业保险待遇。

　　工伤保险也叫职业伤害保险，是指劳动者因为工作原因在工作中受到伤害，例如接触有毒物质工作、接触放射性物质工作、接触大量粉尘工作等有职业伤害的工作造成的职业病，国家和社会会为这些劳动者提供物质帮助。工伤保险是由用人企业缴纳的，对于一些工伤率较高的行业，用人企业缴纳的工伤保险金要高于一般标准，目的是保证劳动者一旦发生工伤拥有足够的金额来支付医疗费用。工伤保险金较高的另一个原因是国家为了警醒用人企业要加强防范工伤的意识。职工因工伤住院治疗的，由所在企业单位按照出差伙食费标准的70%发给工伤员工，经过正规医疗机构证明，需要到外地就医的，其产生的交通、住宿费用等，都要由所在企业按照职工因公出差的标准报销。员工经过劳动力鉴定委员会确认后需要安装义肢等辅助工具的，其费用按照标准从工伤保险金里支付。另外，参保的工伤职工的所有医疗费用以及各种护理费、抚恤金、工伤鉴定费等，都将从工伤保险金内支付。

　　养老保险是指劳动者到法定年龄退休之后，由国家以及社会向其进行经济补偿的制度，所有用人企业以及职工都必须参保。参保单位和个人分别缴纳的保险金比例为10%和8%，其他个体职工和灵活就业人员根据缴纳年限实行差别费率。养老保险遵循多交多补原则，即参保职工必须按时依法履行养老保险缴纳义务，在达到法定年龄退休并办理退休手续后，才能按月领取养老保险金，其他个体职工必须要缴满15年才可领取。当前我国法定的退休年龄为，男职工60岁，从事管理和科研工作的女职工55岁，普通女职工50岁。

　　生育保险是国家针对生育行为所建立的制度，主要参保人员为在职女性，因为生育不能继续在岗工作，失去收入来源，由国家与社会进行的经济补助。生育保险有生育津贴和生育医疗待遇两项内容。生育保险是由用人企业缴纳的，女职工生产发生的所有费用都应从生育保险中支出。用人企业参保6个月以上并足额缴纳保险费，符合计划生育流产或生育的，在当地生育保险定点医院进行生育的，或经过批准转入其他产科医院或流产的，满足以上条件的才可以享受生育保险待遇。

6.4.2 社会保险的参保流程

对于企业的新员工参保，需要 HR 准备好各种相关材料。首先要到本市的劳动社会保障局备案，领取本企业的公司编号。在新员工入职后，要与员工签订劳动合同。之后需要收集员工的基本资料，因为员工的身份不同，所涉及的材料和要签署合同的资料也不同，所以要确认好入职员工的身份，如本地城镇户口、本地农村户口等，具体所需的资料每个城市有所不同，需要到劳动局咨询确认。

准备好员工资料、花名册以及劳动合同便可以到劳动部门备案。因为地方政策不同，有些城市可以通过网络办理登记，具体事项要到劳动部门确认。备案成功后，一般从次月开始缴纳上一个月的保险费用，从缴纳保险费成功的下一个月开始，可以到社保局办理社保卡，参保就办理完成了。

参保的流程中需要注意的是，要确保公司合法经营，提前确认好所需要的材料并仔细核对好员工的个人信息。

6.4.3 社会保险的补缴流程

在一些特殊情况下，难免会发生没有按时缴纳社保的情况，那么这个时候就需要进行补缴。需要注意的是，如果断缴一个月社保，那么医疗保险项将无法使用，后续补缴之后经过三个月的观察期才可以继续使用。医疗保险断缴三个月将会重新开始计算年限，同时断缴时间过长也将对养老保险产生非常大的影响。

那么如何进行补缴？各地区有不同的补缴时间以及流程，但基本相同的是，首先需要核实个人信息，确认补缴人员是否处于正常缴费状态，然后打印当地补缴所需要的材料，按规定时间进行补缴。

6.4.4 社会保险的注销流程

社会保险的注销分为两种：一种是企业的注销，另一种是用人单位针对员工个人的注销。针对员工个人的社保注销，首先需要用人企业进行申请，之后准备受审材料。受审材料要根据当地的要求准备，受审材料和审核条件都不达标的将一律不予受理。为了减少不必要的麻烦，尽量在受理之前确认好所需材料，当材料通过审核条件之后，将会办理社会保险注销登记，并且会在15个工作日内完成办理，核发《社会保险登记证》。

企业注销社保一般来说是不允许的，但若有特殊情况，如破产等，可以按照当地所需材料准备办理，需提交证明注销、吊销、宣告破产的法律文书以及批准文件。

6.4.5 医疗保险转出与转入

医疗保险最常见的办理手续就是转出与转入，因为职工在变动工作时之前所缴纳的社保内容都要跟随变更。新职员转入医疗保险的，需要准备证明医疗保险关系转移的相关材料，以及员工个人的相关证明材料。在转入公司当地的社保机构申请办理转入，需要将材料准备齐全、完整、真实、有效。符合办理条件人员的社保系统将生成医疗保险关系转移函，并发送给原参保企业，这一流程的办理时限为15个工作日。在原参保企业收到转移函，并且将该职工之前的参保凭证等证明参保的文件发送至员工所在地，同时转移账户余额，医疗保险的转入就办理完成了。

医疗保险转出的办理流程与转入不一样的是，转出企业只需要根据关系转移接续函中的内容，提供该转出员工的参保凭证以及其他相关证明材料并发回新参保地即可。在通过审核后，办理其个人账户的资产划转手续，并终止该员工在本企业的医疗保险关系即可。

6.4.6 失业保险金申领流程与期限

失业保险金的申领有着严格的时间限制，未达到缴纳保险金时间的不能领取失业保险金，而且失业保险金的领取时间也跟随缴纳保险金的时长而不同，见表6.4.1。

表6.4.1 缴费时间与领取失业保险金期限

缴费时间	领取失业保险金期限
满1年不满2年	领取3个月
2年以上不满3年	领取6个月
3年以上不满4年	领取9个月
4年以上不满5年	领取12个月
5年以上不满10年	领取18个月
10年以上	领取24个月

申请领取失业保险金需要参保企业提供两份解除劳动关系证明书，一份递交失业保险机构，另一份递交劳动保障局相关部门进行备案。相关机构会认真核实企业出具的解除劳动关系证明书，确认无误后会发放失业保险金登记表以及求职登记表。失业人员填写好失业保险申领登记表，并准备好相关资料，即可办理失业保障金。

6.4.7　工伤认定流程与补助

工伤认定需要到当地的鉴定机构鉴定，一般分为三个环节，分别是工伤鉴定、劳动能力鉴定和工伤职工应享有的待遇。工伤鉴定可以由用人企业鉴定，也可由工伤职工以及其家属提出，因为申请人的不同，申请的顺序也有所差别。用人单位是根据事故发生的那一天或者是当职业病被确诊的那一天开始在30天之内提出，若有特殊情况想要延长，可以向有关部门申请。用人企业未提出工伤鉴定的，工伤职员本人及其家属申请工伤鉴定不得超过一年。

工伤的鉴定是有别于其他伤害的。工伤的认定必须要满足其条件，如果发生了工伤事故，必须要去当地所在的工伤鉴定机构进行鉴定。在进行申请工伤鉴定时，需要准备相关的材料，例如医院职业病诊断证明、劳动合同等。工伤鉴定完，职工完成治疗以及伤情稳定后要进行劳动能力鉴定，包括职工障碍程度以及生活自理能力的鉴定。

劳动障碍等级一般分为一到十个等级，一级为最重劳动障碍等级，十级为最轻劳动障碍等级。

生活自理能力分为三个等级，部分不能自理、大部分不能自理以及完全不能自理。在经过劳动能力鉴定之后，符合享受工伤保险金待遇的，需要提供相关的医疗证明、工伤鉴定表、劳动能力鉴定表以及发票和费用清单。

6.4.8　养老保险跨省转入与转出

员工在更换地区就业后，要及时转入和转出养老保险，因为一旦断缴超过一段时间，养老保险将会重新开始计算缴纳期限。

养老保险跨省转入需要满足几个条件：男性不满50周岁的，女性不满40周岁的；返回户籍所在地就业的；经县级以上相关部门批准调动，并与调入单位达成劳动关系协议开始缴纳养老保险金的；达到养老金领取条件但保险关系不在户籍所在地，并且累积缴纳养老金不满10年的。

以上几个条件中，满足其中一条即可办理养老保险跨省转入。在办理手续时，需要填写申请转入养老保险的相关文件，携带本人的身份证件，年满退休年龄的人员还需要携带户口本，在转出地养老保险相关机构打印转出相关证书，在经过县级以上部门以及其他相关部门批准后，向转入单位提供批准文件。

养老保险的转出需要开具养老保险的参保证明，并且提供本人的身份证件，在转出公司核对后出具参保凭证，并告知转出人转出条件，有欠费的需要提醒补缴。转出地经办人收到转入地发来的养老保险关系转移函后，应当在15个工作日内核对信息，并办理基金转划手续，将填写好的关系转移信息表发往转入地社保机构，最后终止该人员在本地的养老保险关系。

6.5 住房公积金

6.5.1 住房公积金的开户

住房公积金是用人企业为其在职员工缴纳的住房储蓄金。住房公积金只在城镇设立，其中农村是不在制度内的。只有在职的员工才可以办理缴纳住房公积金，并建立公积金制度，离岗的、退休的职工以及未在岗工作的城镇居民均不享受住房公积金待遇。住房公积金由用人企业和职工个人双方缴纳。住房公积金是具有累积性和专用性两个特征的款项，而且不予现金形式发放，实行专户管理，只限购房、建房、大修自住房使用。

在满足并了解以上情况后，HR 要到住房公积金处办理登记，待审核人通过后即可委托银行为企业员工办理住房公积金账户，且每一位职工只能办理一个公积金账户。HR 要按照当地办理住房公积金机构的要求提供相应的材料，包括企业营业执照、企业机构代码、法人的身份证件、经办人的身份证件以及相关登记表和开户表等。

6.5.2 住房公积金的信息变更

申请住房公积金信息的变更需要满足以下情况：公积金系统中记录的个人相关信息与实际不符的、公积金中记录的住房地址等房屋信息与实际不符的、公积金中记录的提取限额与住房支出不一致的、离婚后信息变更的、变更提取日期的、公积金中记录的个人信息和企业信息等不正确或不完整的。

以上几种情况可以进行信息变更，可以由本人办理变更，也可由企业经办人进行办理变更。本人办理需要准备本人身份证件以及相关材料，填写个人信息变更相关表格，然后到当地的住房公积金相关机构提交变更申请。经办人办理信息变更时除了上述材料之外，还要携带经办人的身份证件，并且要出具变更者本人的签字承诺书等文件。

6.5.3 住房公积金异地转移

住房公积金在有必要的情况下是可以异地转移的。若申请转移者在外地已经设立了住房公积金账户，那么可以将原工作地的住房公积金进行全额转移，办理时需要提供接入单位的接收证明以及转入地的公积金开户证明、转入公积金的银行账号、开户行的信息、转移者本人的身份信息，将这些材料交于转出地的住房公积金机构进行申请办理。在转移之前，HR 要建议员工询问清楚当地的转移条件、注意事项以及相关手续，以免带来不必要的麻烦。

6.5.4 住房公积金汇缴、补缴与缓缴

住房公积金汇缴的意思就是，用人企业将所有职工缴纳的住房公积金以及企业缴纳的住房公积金汇总之后，使用支票的方式向银行缴纳住房公积金。企业应当于每个月发放薪酬之日的5天内，将企业应缴纳的以及职工扣缴的住房公积按时足额缴纳，待资金到账后，相关部门会将款项汇入每一个职员的公积金账户中。

住房公积金补缴是企业为员工办理缴纳缓缴、未缴少缴的住房公积金。补缴时需要携带相关的文件和材料，出具补缴书之类的文件，向银行申请办理补缴手续。需要注意的是，住房公积金补缴需要经过住房公积金相关管理机构审核通过才可进行办理，不可以直接进行办理。

住房公积金的缓缴在特殊情况下可以帮助企业回转经济危机。在企业停产、停业、严重亏损等确实对缴纳住房公积金有困难的情况下，可以申请缓缴，但需要经过企业内开展全体员工会议确认才可提出申请，在经过住房公积金管理机构审批同意后，可以进行缓缴。申请时要出具书面报告证明，以及全体职工同意意见、企业相关的财务报表、企业相关资金往来证明文件，待企业经济回转后，需按照审批补缴数目进行补缴。

第7章
员工身心健康管理

7.1 员工身体健康管理

7.1.1 常见的职业病

在日常的工作和生活之中,员工长时间从事一项过重劳动时,会导致身体出现不舒服的症状,甚至可能产生职业病。常见的职业病有以下几种:

1. 颈椎病。颈椎病是由颈椎增生刺激或者压迫周围血管和神经后导致的一种疾病。一些经常伏案办公的人群,例如程序员、教师、科研人员、办公文员等人群的发病率要明显高于普通人群,若发现有增生并且伴有头痛、头晕等状况,需要及时进行检查治疗。

2. 肩周炎。肩周炎是肩关节周围的筋腱产生损伤性或者退行性病变而引发的疾病,一般的表现是局部肌肉疼痛无力以及活动障碍等。其疼痛的持续时间长,并且在夜晚的时候会加重。若有此类状况的人需要及时进行检查治疗。

3. 慢性腰肌劳损。慢性腰肌劳损通常是由于经常性的姿势不当而产生的腰部软组织慢性损伤,引发的原因包括腰部软组织急性损伤未及时治疗、积累性劳损和腰椎畸形等。

4.高血压病。它的并发症众多，脑血管意外导致病人残疾甚至死亡的概率比较高，35岁以上的人应该定期做血压检查。

5.下肢静脉曲张。下肢静脉曲张往往是因为血管内的血液流通不畅致使血管壁肿胀，如售货员等长时间站立的工作，会造成下肢静脉曲张，严重者需要进行手术治疗。

职业病有多种类型，依照2013年12月30日修订的《职业病分类和目录》，职业病可分为十大类，共计132种。员工鉴定职业病需要在省级以上人民政府卫生行政部门批准的医疗卫生机构进行。

7.1.2 职业病认定

职业病是用人单位的员工因工作而产生的疾病，但是否是职业病需要认定才能知道。根据《职业病防治法》的相关规定，职业病认定需依照下列程序来进行：

1.提交申请。当事人必须向所在地卫生行政部门提交鉴定申请。鉴定申请应提交的材料有：诊断证明书、职业病诊断病历记录、鉴定申请书，以及鉴定委员会要求提供的其他材料。

2.审核。职业病诊断鉴定办事机构接收鉴定申请以后，仔细审核其提交的相关材料是否有效齐全，并从接收到申请材料当天起，在10天之内完成对材料的审核。审核通过，发放受理通知书；审核未通过，通知当事人对所缺材料进行补充。必要的时候需第三方对当事人进行体检或者提取有关的现场证据。

3.组织鉴定。进行鉴定的专家，应于职业病诊断鉴定办事机构的主持之下，由申请鉴定的患者从专家库里面随机抽取来进行确定。患者也能提出成立职业病鉴定委员会，委员会成员均为其委托的职业病诊断鉴定办事机构抽调的专家。鉴定委员会对鉴定资料进行鉴定与综合分析，作出鉴定结论。如果鉴定意见不一致，需要予以注明。

4.出具鉴定书。鉴定书通常包含：患者对职业病诊断的重点争议、鉴定的结论与鉴定时间；当事人的职业接触史；工作场所监测数据与相关检查材料。鉴定书需要所有进行鉴定的人员一起签署，并且需要加盖鉴定委员会公章。

5.异议处理。患者如果对诊断结果存在异议，在接收到诊断证明书当天起30天以内，可以提出重新鉴定的要求。鉴定单位变更为给出诊断的医疗卫生机构所在地的市级卫生行政部门。患者如果对鉴定结果依然有异议，在接收到诊断鉴定书当天起15天之内，可以再度申请重新鉴定，鉴定单位变更为当地省级卫生行政部门。

7.1.3 职业病预防

因为有确切的致病因素，所以职业病通常是能够预防的。控制职业病致病因素的产生，减少员工接触到致病因素，是进行职业病预防的要点。比较多见的预防举措有个体防护措施、卫生保健措施、工程措施和工艺措施等。

例如，铸造生产过程中的型砂采用水溶性涂料替代酚醛树脂涂料等，这些举措都会有效地减少物料对作业工人身体健康的危害，在根源上消除或者减少职业病的产生，属于工艺措施。

矿石在破碎的时候产生的粉尘是导致硅肺病的主要原因。这些粉尘的产生很难在工艺上进行解决，通常是利用除尘系统使粉尘通过除尘器来净化除尘。炼钢系统为了降低热辐射对工作人员的危害会在厂房内添加隔热设备，这些举措都是工程技术措施。

在工艺措施与工程措施不能实现的情形下，劳动者经常采取较为被动的防护措施。比如通过佩戴个体防护装备，来降低对于各类危害因素的接触，比如佩戴防尘口罩防尘、戴耳塞耳罩防噪、戴防毒面具防止毒物接触等。

还有一些危害因素，工作人员接触以后可能导致代谢功能不正常，比如工作人员接触强高温会致使体内丧失必需的盐分，从而引发中暑、休克等。这时可以为接触者适当地补充盐分，减少或者降低高温中毒现象的发生，这些措施称为卫生保健措施。

综上所述，在平常的生产活动当中，HR首先要清楚员工从事的工作是否存在职业病的危害因素，可能会引发什么职业病，如何有效地进行预防，才能让员工的健康得到保障，从而减少职业病的发生。

7.1.4 防护措施管理

员工的工作场所必须遵照国家卫生标准与卫生要求执行。HR需要做好前期的预防工作，对职业危害进行评价，并且向相关部门提交预评价报告，明确职业病的防止举措。

HR应当建立有效的卫生管理制度，做好宣传与培训教育工作，对员工进行相关的卫生知识的普及、职业卫生培训，要求员工遵守防治职业病的规章制度与操作规程，指导工作人员正确使用职业卫生防护设备及用品。同时，HR一定要对存在致癌风险、高毒风险的工作环境进行更加严格的管理，不要把可能引起职业疾病的工作交给那些缺乏防护条件的员工。

HR必须健全员工健康监护档案与职业危害档案，制定职业卫生操作规范与危害事件应急措施。对于进行接触职业危害作业的员工，应为其进行健康监护，记录其职业病接触史与健康检测结果。并且，员工在上岗之前需要进行健康检测，如果从接触职业危害作业的岗位调离，离岗前也应进行健康检测。同时，HR应禁止孕期或者哺乳期的女员工从事对自身或胎儿、婴儿不利的工作。

员工也需要了解并熟悉职业卫生知识，并且严格遵守职业病防治的规章制度与操作规程，准确地使用和维护职业卫生防护设备与个人职业卫生防护用品，发现职业危害事故隐患及时进行报告。

职业病的防治是社会共同的难题，需要多方为之做出努力。做好职业病的防护举措，才能减少职业病的发生。

7.1.5 工作环境管理

HR需要做好工作环境的管理工作，让职业环境更卫生，让工作空间更加健康。对于工作环境的管理有以下几项措施：

1. 取代：用危害性相对比较小的物质取代危害性较大的物质。

2. 改变工作流程：改用暴露较低的工作流程，比如自动化设备。

3. 隔离：对于危害性比较大的物质或者环境采取和人不密切接触的措施。

4. 通风：利用局部通气或者整体换气的方法来减少或降低危害物质。

5. 整洁：对工作场所进行定期的打扫，定期检修各种应急设备等。

6. 个人防护和卫生：在少量危害物无法清除的时候，才可以使用防护具，并培养员工在工作场所不吸烟的意识，以及不饮食等卫生习惯。

7. 特别措施：限制工作时间，定期进行健康检查等。

8. 训练：正规的工作操作方法和防止危害灾变的各种训练。

做好工作环境的管理是对HR的基本要求，对员工的身体健康与职业病的预防具有重要意义。

7.1.6 员工职业病档案管理

员工职业病档案管理的工作内容主要包括以下几方面：

1. 建立员工职业病档案，其中应当包含以下材料：

（1）员工职业健康培训资料，包含培训的内容、人数以及考试情况等材料。

（2）职业病危害因素接触的相关材料，包含危害因素的种类与分布、接触人群情况等内容。

（3）职业病危害防护措施资料，包含职业病防护和应急措施、个人防护用品管理等内容。

（4）健康监护资料，包含职业病病人管理、职业健康检查以及禁忌症处理等内容。

（5）工作记录资料，包含职业健康自查记录、职业健康监督部门监督记录等内容。

（6）法律法规资料，包含职业安全健康方面的规程制度、标准以及规范性文件等内容。

（7）其他应当存入员工职业健康档案的材料。

2. HR负责职业健康档案管理工作，要求做到：

（1）根据要求进行员工职业病档案的填写，保证职业健康档案的准确性。

（2）每年定期复核员工职业病档案，对于出现的问题及时修订。

（3）及时把员工职业病档案内容录入系统，加强职业健康档案的信息管理。

（4）妥善保管职业健康档案和有关的原始资料。

（5）严格管理员工职业病档案的借阅，没有经过相关主管批准一律不能外借。

3. 接受有关政府部门对员工职业病档案工作的技术培训与业务指导，以及对职业健康档案工作的监督审查。

4. 定期收集并汇总员工职业病档案数据，对档案信息实施动态管理，及时更新数据。

值得注重的是，HR必须对员工职业病档案进行保密，应当由专人负责妥善保管。

7.1.7 员工定期体检管理

对于员工体检，各部门的职责分别是：人事招聘部门负责核查健康证是否属实与安排新员工体检；人事档案部门负责建立员工职业病档案；安全管理部门协助有关部门对员工进行体检，审核并批准健康检查人员名单；财务部门负责对体检费用进行核算。

各部门的主管人员需要审核本部门健康检查人员名单，并配合HR对本部门的体检人员进行统计。HR依照体检的结果，根据法律法规和企业的有关规定对在职人员做出岗位的调整和安排。

体检类型包括普通健康检查与职业性健康检查。普通健康检查是对于没有从事或者没有接触过有职业危害因素的员工进行的健康检查，检查时间是一年进行一次；职业性健康检查是对那些工作中存在一定的危害因素的员工进行的身体健康检查，检查时间是一年最少做一次，并由HR建立员工职业病档案。

各项体检的费用依照物价局、卫生局下发的医疗卫生收费标准进行收取。新员工的体检费用和普通健康检查费用由员工本人承担，费用在体检的当月工资中扣除。进行职业性健康检查的员工的体检费用由企业全部承担。

在职员工体检结果查出患有职业性疾病的，并且经由专家认定之后，确定是在本企业因从事或者接触有职业危害因素而引发职业性疾病的，将依照《中华人民共和国职业病防治法》来进行处理。

体检结果查出患有传染病或者影响日常工作的疾病（如乙肝、肺结核等），企业一律按病假进行处理，等到员工病情痊愈或者好转之后，再凭县级及县级以上人民医院证明无传染性的人员，可申请继续上班。不服从企业安排的人员，皆由HR依照《奖惩管理流程》来进行处罚。

企业健康管理对企业具有长远意义，减少了员工的病假工时，降低了企业的间接经济损失。HR 为职工提供健康良好的办公环境，为职工安排定期的体检，不但是对员工身体健康负责，也是对企业负责。

7.2 员工心理健康管理

7.2.1 员工出现心理健康问题的表现

HR 需要关注员工的心理问题。通常员工出现心理健康问题的表现为：

1. 物质无法满足心理需求。

现在人们的生活水平在不断提高，同时对物质的要求自然而然也会提高，但是在对物质的需求和自己的能力之间产生矛盾的时候，心理就容易会产生问题。为了获得更高的经济利益，很多人都处于高强度的工作状态，时间久了人们的精神便会萎靡不振，心情也会变得低落。即使升职加薪也难以让他们感到由衷的高兴，反而加薪之后工作压力更大，单纯的物质奖励已经没有办法满足他们精神上的需求。

2. 职场抑郁。

根据有关数据显示，国内员工心理健康问题位列首位的就是抑郁倾向，这是职场中较为常见并且也是非常严重的心理健康问题。

有抑郁倾向的员工，其情感、思维和行为等都会受到影响。相较于普通人，有抑郁倾向的人明显存在记忆力和注意力不佳、兴趣丧失等问题。若是抑郁倾向长期得不到调节与缓解，很有可能发展为影响员工心理健康的心理疾病，即抑郁症。一旦患上了抑郁症，需要接受专业的治疗才能够控制病情。

产生抑郁倾向的原因相较复杂，可能有性格因素、遗传因素、生物化学因素等。例如，完美型人格的人会比较容易产生压力甚至抑郁倾向。除此以外，在生活和工作当中出现大的变故，如突然被单位解雇、亲人去世等，也有可能会造成抑郁。

3. 职业倦怠。

当初入职场的新鲜感消失之后，工作慢慢进入常态，每个员工多多少少都会产生职场倦怠的心理。员工产生职业倦怠心理的原因有多个方面。

当员工对自身价值的评价和现实生活当中获得的工作成就不匹配的时候，就会出现心理落差；员工对现在所处的职位没有热情，没有发挥个人专长，也可能会出现职业倦怠的情况；一些员工为了拥有更多的金钱或者更高的成就而透支身体健康等，都会导致不同程度的职业倦怠心理。

除上述几个方面的因素，工作、生活和社会角色的混杂，工作过程中和上司产生冲突，企业文化的影响以及办公环境等，都可能会对员工心理健康状态产生影响。

7.2.2 工作制度管理

建立一套科学的工作制度，是现代化企业生产发展的客观要求，对提高企业生产效率，降低企业生产成本，尤其是对员工的心理健康都具有重大意义。工作制度管理是根据生产经营管理的客观要求，对企业的每一项管理工作的程序、内容和方法等做出的规定，是指导员工进行每一项管理活动的规范与准则。

企业管理工作制度有很多种类，企业类型与规模不同其管理工作制度也不相同。通常来说，企业的主要管理工作制度如下：

1. 计划管理，包括计划管理制度、经济合同管理制度、统计工作制度等。

2. 生产管理，包括生产作业计划制度、生产作业准备制度、生产调度工作制度、在制品管理制度、厂内外生产协作制度、全面质量管理制度、产品检验制度、计量管理制度、设备管理制度、安全生产和事故分析报告制度、环境保护管理制度、物资申请采购验收制度、限额发料制度、仓库管理制度、能源管理制度、运输管理制度等。

3. 技术管理，包括设计管理制度、工艺管理制度、材料消耗定额管理制度、工艺装备管理制度、科学研究和新产品开发管理制度、科技情报管理制度、技术档案管理制度等。

4. 劳动人事管理，包括招工录用制度、劳动定额和定员管理制度、劳动力调配制度、干部管理制度、劳动考勤制度、职工奖惩制度、职工培训制度、工资管理制度等。

5. 销售管理，包括产品销售管理制度、市场预测制度、价格管理制度、广告宣传制度、售后服务制度等。

6. 财务、成本管理和经济核算，包括企业内部经济核算制度、成本管理制度、固定资产管理制度、流动资金管理制度、专项资金管理制度等。

7. 其他管理，包括工资管理制度、消防安全管理制度、劳动考勤制度、职工奖惩制度、职工培训制度等。

企业的工作制度管理，有利于企业合理地利用和规划各种资源，加强企业的经济责任制，提升员工工作的积极性，促进生产建设的发展，使劳动效率更高，让企业的生产经营活动获得更高的经济效益。

企业工作制度是系统性的，每项管理制度需具备科学的体系。工作制度不是固定不变的，随着企业生产的发展和客观条件的改变，也要进行适当的修改，以保持各项工作制度的合理性，使其日臻完善。

7.2.3 减压管理

如果员工工作压力过大，会影响员工的身心健康和工作效率，HR需要关注员工心理压力，尽量帮助员工减压。给员工进行减压有以下方法：

1. 环境放松。挪威一家医院的研究显示，在办公场所添加绿色健康植物后，员工请病假的频率降低许多。因此，在办公场所摆放绿色健康的植物对员工的减压有一定的帮助。

2. 心理减压。HR可以设立员工心理问题免费咨询机构，还可以开办培训班，帮助新员工适应工作环境。

3. 福利享受。HR可以为员工提供比如瑜伽等一系列的减压项目，让员工的身心得到放松，提升工作热情和效率。

4. 放纵发泄。HR可以给员工准备零食饮料等，帮助员工消除内心的压力，转移紧张与焦虑；还可以建设俱乐部、健身房等，让员工有一个发泄与放松的场所。

此外，员工也需要进行自我减压管理，学习自我放松的技巧，给予自己积极的暗示。

7.2.4 帮助员工找到自信

自信是员工积极有效地开展工作的前提，HR需要对员工自信予以重视并帮助员工找到自信，有如下方法：

1. 工作由易到难，让员工逐步建立自信。

无论是工作还是其他事情，大都需要由易到难，循序渐进。如果HR一开始就给员工安排复杂的工作，很容易打击员工的自信心。因此，应当先给员工安排一些较为轻松和简单的工作，一步步地向有难度的工作靠拢，让员工逐步建立自信。

2. 给予员工情绪辅导。

当人产生不自信的念头时，其实是情感上出现了错误的见解。因此，HR可以从情绪辅导和情感辅助方面给予员工帮助，比如给员工提供免费的心理咨询服务，疏导员工情绪，帮助员工找到自信。

3.对员工取得的成绩进行表扬。

HR要善于发现员工身上的闪光点，对于员工取得的成绩进行鼓励和表扬，让员工看到自己的收获和成就，给予员工自信心。

7.2.5 建立申诉机制

建立员工申诉机制主要是为了处理员工在工作之中存在的问题和不满，申诉范围通常是和工作相关的事情，和工作无关的问题一般不包括在内，比如员工的个人问题、家庭问题等非工作问题均不在申诉范围之内。虽然这些问题可能会影响到员工的工作成效，但不是申诉制度需要处理的问题。通常来说，申诉制度能够处理的事情包括：工作分配与调动、奖惩和考核、劳动薪酬、劳动条件、福利待遇、安全卫生、管理规章和措施、员工之间的互动关系以及其他和工作相关的问题。

根据企业的规模大小、事件的轻重及是否有工会组织等情况，处理申诉的程序也存在不同，有的是一两个阶段，有的是五六个阶段。但通常来说，申诉的开始阶段经常是申诉人和HR直接进行协商，之后由工会代表或者主管进行洽谈，若问题没有得到解决，最后则通过第三方仲裁。在原则上，若是可以在前一个阶段得到解决，申诉则不再进入下一阶段。

申诉程序建立了规范的裁决制度，员工可以免受或者有条件免受管理方不公正的对待。申诉制度不但为员工提供了享受基本的权利和自由的机会，而且有利于员工得到公平公正的待遇，因此具有积极的道德意义。

事实上，内部公平系统的本质即是申诉制度，只是名称做了象征性变动，公平比申诉听起来少了些对抗性。但是和申诉制度的不同在于，内部公平制度受到适用范围的限制，而且不可以申请仲裁，也不被仲裁所约束。

7.2.6 员工心理档案管理

员工心理档案管理是一项系统性的工作，因此需要建立起一套系统的管理制度。一是档案管理员需具备专业的相关知识，所学专业最好为档案专业，或者受到过正规的系统培训，有从事档案管理的相关经验；二是健全档案保密制度，做好档案保密级别的分类，做好档案收集与档案管理的保密性，有条件的企业可以把心理档案单独进行存放；三是引进心理健康测试系统，科学地了解员工的心理状态；四是引进和培养心理咨询师。

综上可知，通过员工心理档案的建立与管理，能够查看员工不同时期的不同心理情况，对此进行分析，找出影响员工心理健康的原因与一般性的规律。

员工心理档案管理，有利于推动企业文化建设以及调动员工的积极性。

从管理学的角度出发，员工心理档案管理，对企业管理虽然不是一项新举措，但也是一项完善制度建设、丰富文化建设的系统工程，不但与员工个人发展相关，还关系到企业的整体发展，乃至社会的稳定。

7.2.7 心理援助管理

员工心理援助是为员工提供心理咨询，帮助识别员工关注的一些问题，并进行解答。那么，HR如何做好心理援助管理，帮助员工建立自我修复的心理力量？

1. 真正了解员工的需求。对于不同类型的员工特点，制定不一样的管理方法，让员工参与到管理之中，感受到管理的乐趣，搭建无障碍的沟通平台，找准企业和员工价值观的结合点，利用企业文化将员工紧紧地连接在一起。

2. 完善员工培训计划和职业生涯规划。优秀的培训计划能够帮助员工迅速地适应新的工作环境和工作内容，帮助员工熟悉企业文化和目标。通过员工培训，HR能够清楚地了解员工适合哪种职位，可以对员工更好地进行职业生涯规划的指导，帮助员工设定更明确和更适合的职业目标，明确人生的奋斗目标，让员工认识到未来的发展方向。

3.建立公正合理的薪酬制度。新进入职场的员工面对经济压力，有着用金钱来证明自身能力和社会地位的强烈愿望。因而，一个公平合理的薪酬体系对于员工无疑具有强大的激励作用，而且物质激励的公平性能有效地提高员工的工作积极性。

4.组织文化激励。员工跳槽、忠诚度不高，除了与自身权益和工作环境等有关，组织文化激励同样非常重要，因而温情式的管理文化更能打动和激励员工。在企业管理当中，应该尊重员工的想法和隐私，留给员工犯错的空间。

5.建立多样化的再学习培训体系。现代社会要求员工在工作的同时还要继续学习，这是现代社会对人们提出的有价值的投资。HR不但要重视员工工作的完成度，并且要更加注重在工作之中员工素质与技能的提升，为员工职业生涯的进一步发展奠定牢固的基础。因而，公司多样化的再学习培训机制对员工具有非常重要的吸引力。

7.2.8 提升员工满意度

员工满意度是员工对于企业和现在的工作是否符合期待值。提升员工满意度可以从以下几个方面着手。

1.提供便利的设施和服务。

员工一天当中大多数的时间是在工作场所之中，为了让员工的工作和生活更加便利，HR可以为员工建设一些福利性的设施。包食宿的企业更加需要努力提升员工的生活品质，给员工提供便捷的福利，如设立饮水间、便利店、班车、洗衣房等，这些都有利于增加员工的幸福感，提升员工的满意度。便利设施需要一定的建设、运营以及维护的费用，HR可以和外部机构进行合作，尽量不要分散主要业务上的资源与精力，做到量力而行，避免适得其反。

2. 丰富员工业余生活。

为了增加员工的凝聚力，HR可以建设俱乐部与娱乐设施，成立兴趣小组并定期举办活动。兴趣小组能够有效地增强各个部门之间员工的互动与交流，提升企业的和谐度和凝聚力。HR还可以定期在周末举办比赛，也可以和客户一起举办，不但能够增进企业员工之间的交流和协作，还能够改善和客户的关系。各部门可以组织郊游和聚餐活动，增进员工之间的交流和互动，提升员工的满意度，培养合作精神与团队文化。

3. 定期和员工沟通。

成功的企业背后一定拥有强大的团队。然而，很多管理人员从来不和员工进行沟通，不清楚员工的最新动向，最后导致人才的流失。通过和员工的有效沟通，能够完善企业的各项管理制度，让员工感受到企业对他们的关心和认可。同时，HR可以和员工多沟通企业的大致盈利状况，特别是一些能够鼓舞人心的业绩、人物和事件等，可以鼓励和刺激员工，激发员工的荣誉感与归属感。

4. 为员工安排富有挑战性的工作。

没有人甘于碌碌无为，尤其对于年轻、有冲劲的员工来说，具有挑战性的工作与成功的满足感极其重要。因而，HR可依照员工的要求和能力，适当授权让员工参加更复杂、更有难度的工作，一方面培养和锻炼员工的能力，另一方面可以提升员工的满意度。

5. 制定老员工导师制度。

制定老员工导师制度可以帮助新员工认同企业文化，熟悉企业的规章制度，掌握高效率的工作方法。由一名老员工负责一名新员工，不但能够让新员工快速清楚岗位职责与技能要求，同时也可以激励老员工的工作。从心理学上来看，让老员工做导师，反映出用人单位对老员工的重视与尊敬，可让老员工产生一种满足感与荣誉感。

6.给予员工权利和自主空间。

传统的企业管理办法，是由上到下的，优点是能够把企业的目标层层分解，落实到每一个部门与岗位；缺点是灵活性不足，环境的改变与实行过程中的变化往往导致目标难以完成，容易引发考核者与被考核者的矛盾。为了避免这些问题，HR要给员工更大的权利与自主空间，让员工的工作时间和计划富有弹性，使员工充分调动自己的积极性和创造性。

关注和提升员工的满意度，对于安定员工，让员工更加积极地发挥专业能力具有非常重大的意义。

第8章

成本控制管理

8.1 了解人力成本

8.1.1 招聘成本

招聘成本包括招募成本、选拔成本、录用成本等，是在招聘员工过程中花费的各项成本之和。

1. 招募成本。

招募成本是 HR 为了吸引和确定所需要的员工而产生的费用，一般包括直接劳务费用，比如薪酬和福利等；直接业务费用，比如差旅费、广告费、宣传材料费、水电费等；间接管理费用，比如临时场地、设备使用费等。招募成本不但包含企业内部招募人员产生的费用，还包含吸引未来需要人选的费用。

2. 选拔成本。

选拔成本是对应聘人员进行选拔与测评，以此决定是否录用时所产生的费用。选拔成本主要包括以下活动或工作的费用：汇集应聘人员的面试资料；进行笔试与心理测验；进行应聘人员面试；内部选拔人员的工作状况调查、评价；依照应聘人员所提供的资料、笔试成绩与心理测试结果、面试中的表现、调查评价意见等，召集有关人员对录用人员进行讨论；调查录用员工的背景，获得相关证明材料；对于背景调查合格者通知其进行体检，录用体检合格人员。

应聘人员所需从事的工作不同，选拔成本也不同。通常来看，内部员工的选拔成本要低于外部员工的选拔成本，操作员工的选拔成本要低于技术员工的选拔成本，一般员工的选拔成本要低于管理员工的选拔成本。概括而言，选拔成本随着被选拔员工的职位升高和对企业影响的加大而增加。若是让中介机构来进行代理招聘，选拔成本还需包括代理费用。

3. 录用成本。

录用成本是在测试考核之后，把符合要求的合格人选录用到企业时产生的费用。录用成本包含员工录取的手续费、旅途补助费等由录用产生的相关费用，这类费用通常属于直接费用。如果被录用人员在原单位劳动合同未到期，若是解除劳动合同，需要缴纳一定数额的违约金；如果被录用人员是单位的关键型人才，双方协商此违约金由单位来支付，此费用也需要记入录用成本。通常来说，被录用人员的职位越高，录用成本也便越高。企业内部录用员工仅是工作调动，通常不会产生录用成本。

4. 安置成本。

安置成本是安排新员工到具体的工作岗位时产生的费用。安置成本包括安排新员工的工作所需要花费的各类管理费用，给新员工提供工作所需要的装备条件，欢迎新员工入职的有关费用，人事部门因安置新员工入职所损失的时间成本产生的费用等。被录用员工的职位大小对安置成本的高低存在一定程度的影响。

8.1.2 培训成本

培训成本指的是企业在给新员工进行培训时候所花费的费用。企业的培训成本一般分为直接成本和间接成本两种。

直接培训成本是指培训过程当中，直接用于培训人员的所有费用之和。例如培训人员的薪酬、学员交通补助、培训资料的相关费用及培训过程当中的其他花费等。

间接培训成本是指培训过程以外，企业支付的所有费用之和。例如培训项目设计与管理费用、培训的评估费用等。

具体来说，企业的培训成本一般包含：受训人员的工资，受训人员的交通补助，受训人员由于进行培训而无法工作的损失，购买培训教材及培训设备的费用，负责培训的管理人员的薪酬，外聘培训机构、讲师、演讲者的酬劳。

企业的培训成本包含多个方面，但这些费用并非是固定的，能够通过有效管理降到最低，比如开展线上培训。线上培训的成本往往要低于线下培训的成本，线上培训摆脱了地域的限制，没有场地等成本费用，只要有课件和视频，员工就能够马上进入学习培训。

8.1.3 用工成本

用工成本是企业为了保障日常生产，支付员工所花费的薪酬、食宿、交通、保险以及管理等资金之和。

市场需求催生服务创新。对于这种需求，创新人才租赁属于灵活用工的一种，是企业人力资源分配的一种策略，可减少人力成本，实现按需供给的方式，从而实现企业战略的灵活性。

8.1.4 离职成本

离职成本是指企业在员工要离职的时候所支付的补偿以及办理离职的相关费

用，以及由于员工离职可能造成的损失等。

离职成本分为显性成本与隐性成本。显性成本是能够经过计算得出的费用，如员工离开工作岗位之后的离职补偿，包含辞退费、安抚费等都能够通过计算得来；隐性成本则不容易估算，需要依照企业的经营规模以及经营状况评估得出。

除此之外，离职成本也包括离职员工这个职位的招聘成本，新员工适应期的投入，以及适应职位的培训花费。

一个企业重要岗位的员工离职，可能会造成相关工作的减缓或者停滞，给企业造成短期内的经济损失，甚至给企业带来长远影响。因此很多大型企业在与员工签订合同时，都有清晰明确的规定，要求其在规定时期之内不得离职。如果违反合同，则需要承担企业投入在此岗位上的经济损失。当然，在中小型企业或是私人企业中，一般都是辞退员工，这类损失通常包含在管理成本当中。

值得关注的是，出现大规模的离职则很可能会拖垮一个企业。因为离职所带来的负面效应，也会影响企业的正常运作。

HR若是想要降低离职成本，就要想办法留住人才，并且运用合同的方式以及企业的核心价值观将人才固定在岗位上面。

8.2 人力成本控制

8.2.1 编制人力成本预算

编制人力成本预算有三个步骤：定编制、定标准和定总额。值得注意的是，HR在实施三个步骤的过程之中，需要围绕着公司的经营发展目标，逐层核定人员数量和成本标准，根据上述信息计算人力成本预算的总额。

1. 定编制。

既然人力成本是指花在公司员工身上的钱，那么员工的数量就是影响人力成本预算的基本因素。所以，第一步便是核定下一年度公司员工的数量。

（1）厘清目前企业的员工人数，根据公司架构，细分到每个部门分别有多少员工。

（2）确定公司下一年的员工人数，明确下一年公司每个部门的员工数量。

（3）分析员工的流动特性，根据流动性来调整岗位的需求量。

2. 定标准。

完成定编制后，我们就初步规划了公司下一年的员工人数，但是这样还不够，由于员工级别的不同，公司承担的人力成本也不同。因此，需要更加明确员工的人力成本。同时，HR在核定成本时要对成本的性质有所了解，通常从下面两个维度来核定人力成本。

（1）固定人力成本和浮动人力成本。

固定人力成本指的是员工的固定收入和福利待遇，与员工的数量相关联；而浮动人力成本指的是绩效、奖金等，它们随员工的业绩情况而变动，和员工的数量、员工业绩情况、公司业务情况相关联。

（2）现有员工成本和变动员工成本。

现有员工指公司现在的员工，且预计未来一年内不会发生变动的员工人数。变动员工则是除了外部会招聘进来的员工，还有内部可能会调配岗位或者职级的员工。

结合上面两个维度，HR可以通过四个步骤进行人力成本预算：

（1）核算现有员工的固定成本标准。

依照公司员工的工资以及福利待遇政策，对应不同职级的现有员工人数，就能够迅速得出这部分的成本。

（2）核算变动员工的固定成本标准。

变动人员主要是外部招聘与内部调动或晋升的员工，因而这一部分也需要包括招聘成本，还有跟进变动员工核算相应工资、福利等固定成本。

（3）核算浮动部分的成本总额。

浮动成本主要来自公司的业务以及员工的业绩，可以根据公司的奖赏制度预估公司奖金的额度，并根据员工的具体情况进行适当的调整。

（4）核算其他成本总额。

依照公司的真实状况，还有可能产生员工的培训费用，以及劳务外包费用等，最后需要把这类费用一起核算进去。

3. 定总额。

通过以上两个步骤，我们已经确定好了编制与标准，将各项明细合算起来就可以得到一份人力成本年度预算的初稿。之所以说是初稿，是因为HR还需要依照公司发展的策略与财务状况随时做出调整。

总而言之，编制人力成本预算是为了最大限度地发挥资源的价值，使公司投入的成本能够获取更好的回报。

8.2.2 人力成本预算的执行与考核

成本是企业的生命。科学合理地执行企业人力成本预算并对其进行考核，是企业提质增效的有效途径，也是保障企业长期稳定发展的法宝。公司的人力成本预算执行与考核工作应从以下几个方面进行加强：

1. 完善责任体系，深化成本管理。

（1）建立责任中心，明确管理职责。HR可根据企业的特点、成本费用的构成以及发生成本的项目不同，建立责任中心。责任中心是享有一定权利，同时也需要承担一定经济责任的公司内部责任单位，它的特征包括：责任中心的责任和权利可控，有一定的财务收支活动，便于进行责任会计核算等。划分原则是：责任中心在公司生产经营活动中，地位相对独立，可以独自承受一定的经济责任；可以制定目标，并且具备完成目标的能力；在公司的生产经营活动之中，可以独立执行和完成规定的任务。

根据以上责任中心的特征和划分原则，结合公司的真实情况，为了方便成本核算、成本管理和预算考核，责任中心可以划分成收入中心、成本中心与费用中心。

（2）建立和完善公司的目标成本管理体系。

①围绕公司运营管理，理顺内部运行体制。

②合理编制人力成本预算，依照可控原则分解可控成本。

2.完善成本分析制度。

（1）强化成本分析，完善成本分析制度。通过对成本的分析找出公司管理中的不足，保证公司成本的系统性与真实性，方便对责任成本措施管理进行考核，评价降低预算成本计划的执行与完成状况，提高公司的成本管理水平。

（2）建立以月度为单位的成本统计与核算，以季度为单位对成本进行全面分析的制度，定期进行全面分析。

（3）建立成本费用分析责任制。在公司总经理的带领之下，财务、经营和生产管理等有关部门需要积极配合，收集和整理有关成本的材料，一同做好成本统计与分析工作。

（4）建立成本信息库，便于对成本预算执行情况进行评价和考核，为下期成本预算的编制提供相关信息，形成公司的各部门每年度完整的考核与评价信息材料。

3.完善责任成本管理工作。

（1）改革公司成本管理机构。建立责任成本管理中心，并对责任成本、核算过程等进行管理。通常可设立专职员工，负责进行成本信息的收集和成本核算工作；建立责任成本管理体制，对公司的成本预测、成本计划和成本控制进行管理；建立责任成本考核机制，定期考核责任成本的执行与完成状况并依此进行奖惩，从而形成从成本核算到成本分析和成本考核全面、系统、有效的管理机制与管理职能。

（2）加强成本管理的基础工作。要想强化责任成本管理和落实工作，需要认真仔细地做好大量基础性工作，包括总结成本管理工作，补充和细化成本管理中的各项制度；通过成本核算基础材料的收集和整理，准确核算责任成本；通过健全成本资料收集总结、传递和报送相关的流程与制度，保证责任成本及时准确地核算和归集；通过完善责任成本中心的凭证报表与分析材料，为责任成本的考核提供完整充分的证明资料。

（3）强化培训力度，提升财务人员业务水平。财务人员在公司的生产经营管理中有极其重要的作用。加强成本核算管理，需要财务人员具备较强的业务水平与财务决策能力。因而，公司要对财务人员进行强化培训，提升其业务水平，以适应现代公司成本管理的需要。

4.细化责任成本考核奖惩制度。

责任中心是为担负某一类责任而成立的部门，是责、权、利的结合。公司设立责任成本中心，需要把责任成本当作公司目标成本管理的重点，并将其作为评价责任者成本责任的完成情况、考核成本经营情况的依据。HR确定成本考核的指标，主要是确定目标成本的执行和完成情况。

值得一提的是，考核责任中心的责任成本，只考核可控成本，不可控成本只作为参考依据，不进行考核。

8.2.3 招聘成本管理

招聘成本管理是公司的大课题，招聘活动脱离不了公司管理的其他活动而独立存在，比如员工任职资格是否准确清晰、人才的面试甄选手段的选择和应用等都和招聘成本相关联。做好招聘数据管理对招聘成本具有重大意义。

在人员的选拔阶段，做好招聘渠道的选择评价和配置优化是招聘成本管理的重点。而通过分析季度和年度的招聘效果，其中包含各类岗位的招聘方式等，从而可以有针对性地投入和分配招聘资源。

例如分析招聘渠道，可以对以前招聘数据进行统计分析，找出招聘渠道选择的契机。通过对不同阶段各个渠道的简历数量、录取人数等信息的收集和计算，得出各种渠道的有效简历率、初试通过率以及入职人数的比例等。这些数据可以在每季度和年度进行统计，以此评估招聘渠道的有效性，从而确定招聘费用的分配。选择高效率的招聘渠道，可提高招聘的成功率，降低有关的各项招聘的间接成本，实现优化资源分配的目标。

HR 需要在各阶段做好统计招聘费用的使用情况，和招聘效果相结合，对投入产出的相关性进行分析，并及时做出应对和调整。在招聘的时候，实现标准化运作，对于招聘成本费用管理也有着重要作用。

8.2.4 培训成本管理

培训成本管理是公司成本控制中的关键部分，对公司的效益有直接的影响。做好培训成本管理，建立一套专业有效的培训管理体系，对公司成本控制能够起到事半功倍的效果。

想要控制公司培训成本，就要做好培训预算设计。对于培训成本管理，不同的公司用到的方式也不尽相同，通常来说有下列三种方式：

1. 先拟定培训计划，依照培训计划计算出培训的预算，再依照公司的真实情况对预算进行调整。

2. 如果公司提前确定了培训成本的范围，例如按照人均 2000 元 / 年计算等，

HR就要依照公司既定的培训成本来制定培训计划。

3.如果公司提前明确了人力资源部门整年的费用额度，包括招聘费用、培训费用、体检费用等一切费用，培训费用的额度可以由HR自由分配。

总而言之，HR要切实保障公司培训的需求。在培训计划开始之前，HR需要全面掌控培训成本的有关信息，做好职工培训预算的编制工作，为公司培训工作提供资金上的有力支持，保证培训计划的顺利执行，不断提高员工培训的实际效果和经济效益。

8.2.5 用工成本管理

在不违反法律法规，不影响员工工作积极性与整体收入的情况下，HR需要通过用工成本管理为公司提升利润。通常可以采取以下方法：

1.控制加班时间。落实个人工作责任，加强对员工的检查和监督，避免出现怠工和故意拖延等现象，提高劳动效率，使员工少加班或者不加班，减少加班费和水电费的支出，降低加班带来的劳动纠纷与支出。

2.确定加班基数。在合同当中，可明确约定加班费的基数是当地最低工资标准，约束员工加班，降低公司用工成本。员工签订合同后，这种约定会被仲裁和法院支持。

3.低底薪高绩效。HR可以将各职位的底薪确定为当地最低工资标准，较多的薪水体现在绩效上。员工要拿到高绩效薪酬，需要付出努力，为公司做出较大的贡献。公司因员工绩效的提高获得更多的利润，从侧面节约了用工成本。

4.考虑食宿外包。由公司建设食堂宿舍成本较大，完全可以将地皮用来生产经营，后勤采用租用的方式，引进承包单位来经营，从而有效降低用工成本。

5.适当派遣用工。派遣用工能够减少五险一金等福利待遇的支出，劳动纠纷也会适当转移到派遣公司。

6. 人性化管理。公司不完全遵守劳动法规，不为员工缴纳保险，不提供相应劳动条件等粗暴、不合理的管理方式，会迫使员工进行劳动仲裁和诉讼，反而增加了用工成本；反之，如果 HR 采取人性化的管理模式，和员工保持良好沟通，提高员工稳定性，则在无形中为公司节约了用工成本。

7. 保护重点对象。人力成本要重点用在对公司有重大贡献的员工身上，鼓励重要员工做出更大的成绩，同时激励其他员工为公司做出更大的贡献。

值得注意的是，不同的公司在不同的时期，所采取的管理方法也不尽相同，HR 绝对不能照搬其他公司的经验和方法。

8.2.6 离职成本管理

员工离职会对企业产生多方面的影响，加强企业离职成本管理，可以从以下几个方面入手：

1. 在制度上防微杜渐。

（1）建立选拔和招募经理人机制，比如国外的跨国公司都建立了接班人培养制度。通常来说，处于危机中或者以创新为主的公司，较多采用招募方式；而持续发展的公司，一般以内部选拔为主。

（2）健全离职交接制度和离职审计制度。经理人的离职必须严格交接手续，市场总监等离职还需进行离职审计。比如市场总监离职前销量突然大增，有可能增量是虚假的，会影响到之后一段时间的销售，后期也可能会出现退货，其目的是为了在离职前拿到高额提成或者奖金。除此之外，财务人员在离职前的往来款项、信用期的审批等也都是离职审计的重点。

（3）HR 要建立工作报告制度，定期整理经理人的思路和办法，把个人所拥有的资源记录、整理和保存，变成整个公司的资源与优势。如此，即便经理人离职，也能避免造成过大的离职成本。

（4）建立合理的绩效考核制度，改变传统重量和重利的观念，对经理人的考核指标着重在健康、稳定发展上面。如果只重视短期利润和业绩，则易导致公司长远利益受到损害。

2. 加强团队建设。

在团队内实现资源共享，降低公司对个人的依赖度，使个人资源成为公司资源，将离职成本降到最低。

3. 加强公司文化建设，创造良好的文化氛围。

聘用和选拔人才，符合公司的价值观极其重要，因为优秀的公司文化可以很好地防范和降低无形的离职成本。

需要注意的是，加强离职成本管理，做好各项人力成本控制，需要适当与合理，不可以无限制地压缩，否则，只会取得相反的效果。

8.3 人力资源优化配置

8.3.1 优化组织结构

通常来说，公司的组织结构主要是分工和协调工作任务。组织结构是公司管理系统的架构，是所有人员为完成组织目标在工作中分工合作，它随着公司的重大战略变化而变化。

组织结构包括职能结构、层次结构、部门结构和职权结构。职能结构指的是为完成目标需要的每项业务工作以及比例和关系，考量要点主要有职能划分是否过细、职能是否错位、职能是否弱化；层次结构是管理人员统管的人数和管理层次的组成，考量要点主要有管理者分管职能的授权范围、管理幅度、指导的工作量、决策复杂性等；部门结构为各个管理部门的组成，考量要点包括一些重要的部门有没有缺失或者优化；职权结构为各层次与各部门关于权力、职责的分工和相互关系，考量要点包括部门、职位之间的权责关系是不是对等。

公司可以吸收各方面的优点优化组织结构，以下几点可供参考：

1. 公司的目标与任务永远放在第一位。

组织结构是为了完成企业的经营活动和战略任务，对公司所有部门与人员进行的优化，要把此当作出发点以及归宿点。在公司的任务或目标出现重大改变的时候，组织结构必须作出优化与改革，以适应任务和目标的需求。

因而，优化公司组织结构，必须以目标与任务的要求为着力点，根据实际情况增减，避免单纯地把精简组织当作目的。

2. 精准掌握有效管理幅度。

受个人的知识、经验以及能力的限制，每个部门管理人员可以有效管理的直属人员数量是有限的，有效管理幅度并非是固定不变的，通常会受到职务性质、员工能力、职能架构是否健全等条件的影响。因此，优化组织结构时管理人员的管理幅度需控制在一定水平，确保管理工作的有效性。因为管理幅度大小和管理层次多少成反比，所以需要在确定公司管理层次的时候，考量有效管理幅度的制约。因而，有效管理幅度对于公司管理层次的划分有重要意义。

3. 集权和分权相结合。

优化组织结构时要控制好集权和分权，二者不可偏废。集权是公司管理的客观要求，有助于公司统一管理与指挥，有助于资金、人员等合理的分配与使用；分权有利于调动员工的能动性和积极性，有利于基层依照真实状况快速而准确地做出决策，还有利于主管人员减少管理日常琐事，集中精力抓主要问题。集权和分权是相辅相成的，没有绝对的集权与分权。HR在进行内部权力分工的时候，需要考虑的要素包括：公司的规模、公司每项工作的性质、各个部门的管理水平和员工素质等。

4.重点做好专业分工与协作。

现代公司管理具有工作量大、专业度高等特点。因此，公司成立不一样的专业部门，有助于提高管理质量和管理效率。在合理分工的基础之上，HR需要增强各个部门之间的配合，确保每一项专业管理有序进行，完成组织的整体目标。

在组织结构优化和调整时，HR需要重视横向协调的问题，运作方法可以实行系统管理，将工作职能相近或者工作联系密切的部门进行整合，构建管理子系统，由各副总经理进行管理；必要时还可以设立一些委员会和会议来进行协调，最重要的是营造有效沟通与协调的环境，提高管理者的大局观，增加共同语言。

5.组织结构要有弹性和适应性。

在外部环境或者公司任务出现变动的时候，组织结构必须确保公司的正常有序运转，并且在保证运转过程之中，按照变动的情况进行相应的变更。因此，组织结构需要具备一定的弹性和适应性。

组织结构优化和调整时，必须建立清晰的指挥系统、权责关系和规章制度，同时采取具有良好适应性的组织形式与措施，使组织在变化的环境之中，具备内在的自我调节机制。

需要强调的是，组织结构不能随意进行优化和调整。HR要把组织结构的稳定性过渡作为前提，务必要让各个部门职能明确、权责清晰，能够进行客观地评价与考核，协调各个部门之间的管理联系、工作流程。此外，HR也可借由组织结构调整来优化调整部门和职位，将部门、职位与人才培养结合起来，让员工与企业获得双赢。

8.3.2 优化工作流程

工作流程指导着工作的进程，所有的工作流程都需要在多次的实际工作验证中不断地优化和完善，直至变成标准。

一个完善合理的工作流程不但能将员工从繁重复杂的工作中解脱出来，还能大大提高员工工作效率。那么，HR如何优化工作流程呢？

1. 建立工作流程。

一项工作如果拥有标准的流程，执行人便可以顺利有效地完成工作。工作流程的内容包括工作中的环节、步骤与程序等。简单来说，工作流程就是明确完成任务需要做什么、怎么做、做的顺序是什么。也就是说，在实际工作之中，HR的心中要有一个流程，在面对复杂繁重的工作内容时能够抽丝剥茧，清晰准确地判断出应当先做哪一步，然后再做哪一步，从而建立一个可以减少工作压力，并且提高工作效率的工作流程。

2. 简化工作流程。

很多公司都意识到简化工作流程的重要性，因为员工在面对没有头绪且非常复杂的工作表时，是难以产生工作积极性的。因此，不管是从提高工作效率来说，还是出于对员工的人性化管理方面的考虑，HR都应尽量简化工作流程。

简单管理是团队管理中的一种管理模式，它不只是对HR的工作要求，同时还是对员工提出的要求，因为简化工作也是一名员工的优秀素养。

宝洁公司存在着"一页备忘录"的标语，这是对公司员工提出的严格要求，员工需要完全理解工作内容，然后经过归纳，总结出不超过一页纸的文字内容。

科学完善的工作流程不但会减少公司员工工作的压力，还有利于HR站在全局的角度来管理团队。明确的工作流程能够给予各个部门清晰的任务指向，到了哪一步、该走哪一步都有清楚的划分，这样员工的执行力和工作效率才会提高。

3. 审查工作流程。

建立与简化工作流程以后还需进行工作流程的审查，发现不合理的地方还需要进行重排。重排工作流程需要依照合理的顺序对所有的工作环节进行排列，通过调整各个环节的工作顺序，使工作更加有条理，作业更加高效。

8.3.3 提升员工工作质量

产品质量和每一位员工的工作质量息息相关。员工做好本职工作,严格把好每个产品的质量关,发现问题及时汇报,产品质量自然而然能够得到保证。

提升员工工作质量有以下几种方法:

1. 紧抓质量。

管理者注重质量,员工才会重视质量。因此,HR要重视员工的质量意识教育。员工有了质量意识后,才会愿意付出更多心血来完成产品。

2. 人人平等。

企业的管理者和员工都要遵守质量管理的文件,遵循质量面前人人平等的原则。

3. 监督质量。

对产品质量的监督可以给员工反馈信息的同时,还可以使员工的意识不懈怠,以此来达到提高质量的目的。

4. 建立激励机制。

建立正向的奖励机制,可以提高员工的质量意识。对于工作中表现突出的员工,可以进行职位晋升或是奖金的激励。对于表现差的员工,可以进行处罚,使员工形成正确的观念。

综上所述,提高员工的质量意识,可以降低质量问题的发生概率,才能实现共赢。

8.3.4 建立员工素质模型

建立员工素质模型对于公司的成功经营有着重大作用,HR可以从以下几个方面做起:

1. 明确目标，定义标准。

首先需要明确公司管理层关注的焦点，明确公司的目标和期望。同时，深入分析公司现在的业务和行业特点，明确公司未来的发展战略、公司文化、价值观与员工的认可状况等，让工作的重点可以着重于核心能力与关键行动上面，确定适合公司的员工素质模型。在这一基础之上，运用工作分析的各类方法明确工作具体要求，提炼出辨别优秀员工和普通员工的标准。HR 应依照公司的规模大小、发展目标、资源等条件，选择合适的绩效标准。

2. 选取样本进行分析。

按照某职位的具体要求，在从事此职位的员工之中，分别从高绩效员工和一般绩效员工中选择几名员工进行研究分析。分析方法可以综合运用专家小组讨论法、全方位评估法和调查法等，得到样本相关能力素质特征数据。

3. 建立员工素质模型。

对于各类方法分析得出的结果，归纳提炼出能力特征，对比分析不相同的能力特征在调查分析之中出现的频次，找出不同特征与绩效结果的联系及其影响的权重。在明确定义能力、能力级别和具体行为描述之上初步建立员工素质模型。

一般 HR 应将公司员工素质模型分为三种：全员核心能力、职系序列通用能力以及专业技术能力。

4. 进行评估确定。

通常，由面对面进行评估到多个评估人员试用，最终进行心理测试结束评估，确定员工素质模型。但对于不同属性的能力需要运用不同的方法进行评估，如全员核心能力与职系序列的通用能力，要依据员工的不同行为来进行评估确定；专业技术能力由经理或者专家依照专业技术能力模式进行评估。

5. 使用和完善。

员工素质模型建立完成以后，必须与 HR 的每项工作进行衔接，通过交流与培训向公司的每一个员工宣传推广，消除员工顾虑，获得员工的理解与认可，以确保实施的效果。并且需要及时获得反馈，对出现的问题进行改进，不断检测与完善员工素质模型。

需要注意的是，员工素质模型的建立需要与公司战略保持一致，可以明确反映出战略对员工能力的要求，还应关注行业与业务流程的特征，反映出不同序列与职位间能力要求的差异。

第9章
劳动关系与风险防范管理

9.1 了解劳动关系与劳动合同

9.1.1 什么是劳动关系

企业和劳动人员根据国家的法律法规签订合同，形成法律约束，两者之间的关系就是劳动关系。劳动人员成为用人单位的员工，服从其管理，从事其安排的相关工作，获得劳动薪酬并受到劳动保护。下列为劳动关系的特征：

1. 劳动关系的双方在法律上是平等的关系，在工作中属于从属关系。劳动人员为用人单位付出劳动，用人单位付出相应的劳动薪酬给劳动人员，双方皆自愿建立劳动关系。

劳动人员作为用人单位的员工，在工作的过程当中必须遵守其相关的规章制度，并接受管理，劳动双方形成管理与被管理的关系。

2. 劳动关系是在劳动过程当中形成的。劳动人员在为用人单位提供劳动的时候才能和其形成劳动关系，没有劳动过程就不会产生劳动关系。所以严格来说，劳动法包含的范围仅限于劳动的过程中，不包含没有形成劳动关系时的就业过程。我国为劳动力资源大国，就业问题在很长时间内都和社会经济的稳定相关。因而出于实际情况考虑，我国《中华人民共和国劳动法》把就业纳入调整范畴，但不可以因此把就业归入劳动关系的范围之内。

3.劳动关系具有排他性。劳动关系只在劳动人员和用人单位中间形成，劳动人员和其他主体间产生的社会关系不属于劳动关系。另外，劳动人员在同一时期只可以和一个用人单位签订劳动合同，建立劳动关系。任何劳动人员不得和两个或者多个用人单位同时建立劳动关系，任何两个或者多个用人单位也不能与一个劳动人员同时建立劳动关系。

4.劳动关系的存在是为了劳动。劳动双方建立劳动关系，是为了保证劳动的过程，为社会的生产提供服务。劳动人员的劳动结果属于用人单位，在用人单位的组织下，劳动人员是为了实现用人单位的利益才去劳动的。而用人单位需要给为其劳动的人员在工作过程中提供相应的物质保障，并支付给劳动人员合理的薪酬。

5.劳动关系是国家的意志与当事人的意志相结合。劳动关系是依据国家的法律形成的，代表了国家的意志，也代表了劳动双方的意志。我国劳动法对用人单位与劳动人员的权利和义务都作出了清楚的规定，反映出国家对于劳动关系的强制性。劳动双方可以自主约定相关的具体事项，表现出契约自由的本质属性。

总而言之，认定劳动双方有没有劳动关系，最简单的方法就是看当事双方是否签订有效的劳动合同。存在有效的劳动合同，便可认定用人单位与劳动人员之间存在劳动关系。

9.1.2 什么是劳动合同

劳动合同又称劳动契约、劳动协议。劳动合同是调整劳动关系的基本法律形式，也是确立劳动者与用人单位劳动关系的基本前提，在劳动法中占据核心的地位。

依照《中华人民共和国劳动法》第十七条规定：订立和变更劳动合同，应当遵循平等自愿、协商一致的原则，不得违反法律、行政法规的规定。劳动合同依法订立即具有法律约束力，签订劳动协议的双方必须根据协议内容履行自己的义务。

劳动合同包括以下特征：

1. 劳动合同的主体是特定的，分别是用人单位和具备劳动能力的劳动人员。劳动双方在劳动时具有支配和被支配的隶属关系。

2. 劳动合同的内容是劳动权利与义务的统一，不能只享有劳动权利而不履行劳动义务，也不能只履行劳动义务而享受不到应得的劳动权利。

3. 劳动合同的客体是单一的，是劳动行为。

4. 劳动合同在当事双方签署后便立即生效。用人单位根据劳动人员的工作内容与完成效果支付劳动报酬，禁止无偿使用劳动力。

5. 劳动合同需要拥有社会保险条款，劳动双方能够在合同当中订立相关福利待遇条款，这些条款通常会涉及第三人的物质利益关系。

劳动合同有助于减少劳动纠纷和劳动争议。劳动合同规定双方的权利与义务，规范当事双方行为，并且保障双方权益，对稳定劳动关系起着重要作用。

9.1.3 什么是劳动关系管理

劳动关系管理主要是签订劳动合同、解决劳动争议等。劳动关系管理是对人的管理，是思想交流的过程，也是对信息的传递和交流。

HR 需要做的就是经过科学规范的管理，约束当事双方的行为，保障应得利益，维护稳定和谐的劳动关系，保证公司顺利经营。

劳动关系管理的基本原则包括：严格遵守法律，均衡各方利益，协商解决纠纷等。

劳动关系管理的基本要求包括：合法化以及规范化，就是要符合法律的规定；统一性，就是全体员工保持统一；明确性，就是明确双方的职责；协调性，就是对公司进行一定的调整。

9.1.4 什么是劳动合同管理

劳动合同管理指的是根据劳动法的要求，对劳动合同的制定、履行、变更、解除以及终止等过程的管理工作的统称。HR工作当中，加强劳动合同管理，增加合同的有效率，对于提高劳动人员的工作成效，激发劳动人员工作的积极性，保持和谐的劳动关系，促进公司的稳定发展有极其重大的作用。

HR关于劳动合同的管理主要包含下列几个方面的内容：

1. 制定科学合理的劳动合同管理制度以及相应的管理措施，比如建立劳动合同行为规范、提供标准合同范本等。

2. 核查、指导用人单位和劳动人员按照法律法规及相关政策签订劳动合同，保障劳动合同的切实履行，使用引导与服务的方法让劳动双方行为合法。这项管理内容应用于劳动合同签订的始终。

3. 指导用人单位进行劳动合同的相关管理工作，比如合同的归档管理，员工的薪资管理以及员工的医疗管理等。

4. 制止与纠正违反劳动法规、相关政策以及劳动合同的行为。依照《中华人民共和国劳动法》第八十五条的规定：县级以上各级人民政府劳动行政部门依法对用人单位遵守劳动法律、法规的情况进行监督检查，对违反劳动法律、法规的行为有权制止，并责令改正。同时，其九十四条指出：用人单位非法招用未满十六周岁的未成年人的，由劳动行政部门责令改正，处以罚款；情节严重的，由市场监督管理部门吊销营业执照。

5. HR应成立专门的部门并委派专人来管理劳动合同，除了制定劳动合同管理的具体措施以外，还需制定与劳动合同履行相对应的各项制度，例如考勤、奖惩和分配等制度。

加强劳动合同管理，有助于促进劳动合同的依法订立与履行，有助于当事双方严格执行劳动合同，预防和减少劳动纠纷，促进公司劳动制度改革的发展。

9.2 劳动关系管理

9.2.1 劳务派遣用工管理

随着我国的经济不断发展，劳务派遣已经成为一种新型的用工方式。劳务派遣员工的管理分为以下几个阶段：

1. 劳务派遣员工入职前。

这类员工通常是HR自招或者由派遣机构推荐而来，如果不是很特殊的职位，HR自招的成本相对较低。另外，从公司方面考虑，安排劳务派遣员工从事的职位最好是临时性的、次要性的、可替代性的。

2. 劳务派遣员工入职时。

既然是劳务派遣，通常是由劳动人员和派遣机构签署劳动合同，用人单位只和派遣机构签署派遣协议。值得注意的两项内容分别是入职体检与入职培训。员工入职体检可以和派遣机构协商，有些派遣机构会提供相应服务。派遣机构通常不负责入职培训，需要HR自行组织相关的培训。

3. 劳务派遣员工入职后。

劳务派遣员工入职后即为派遣员工的平常工作管理。在公司规章制度上，HR

通常应该要求派遣员工遵守与正式员工一样的员工守则，可以进行一次培训或通过告知书等方式向派遣员工明示。

劳务派遣员工的工资通常由派遣机构按月发放。每月派遣机构会将工资账单给用人单位，HR核实无误后向派遣机构支付费用。用人单位最好不要直接给派遣员工发放薪酬，防止在发生劳动争议的时候被认定与劳务派遣员工存在实质的劳动关系。

劳务派遣员工的五险一金由派遣机构进行代缴。但需要注意，各地五险一金基数与比例并不相同，即使在相同地区，不同的派遣机构对应的工伤保险比例、残保金等也可能会出现差异，因此HR需要和派遣机构认真核实。

关于劳务派遣员工的福利待遇，实物类福利例如端午节的粽子等，HR可以自主决定是否向派遣员工发放。出于人文关怀和工作环境和谐的考虑，建议一视同仁。但是现金类福利建议还是经派遣机构发放。

工资和职位调整方面，HR可以选择定期转正一些表现优秀的派遣员工，能够对派遣员工起到激励的作用。

4.劳务派遣员工离职。

无论劳务派遣职工是主动提出离职还是属于被动离职，劳动合同法与劳务派遣暂行办法上都有具体详尽的规定和描述，在此不再赘述。

5.劳务派遣员工的劳动争议。

劳务派遣容易出现劳动争议。虽然第一被告是派遣机构，但用人单位一般也避免不了要参与劳动争议的解决。因而，在和派遣机构签署派遣协议的时候，HR需要注意劳动争议解决方法和补偿办法。

劳务派遣用工是适应市场对于用工方式多样化的需求。劳务派遣用工有助于扩展就业渠道，优化劳动力的资源配置，让劳动者拥有更多选择的机会，还可以提升公司的竞争力，对公司发展也具有重要意义。

9.2.2 劳动安全卫生管理

HR需要做好劳动安全卫生管理，为劳动者营造安全舒适的工作环境，保障员工的身体健康，提高劳动生产率。关于劳动安全卫生管理的方法如下：

1. 成立职业安全卫生管理部门或组织，并安排专门的职业安全卫生人员进行管理，负责公司的安全卫生防治工作。
2. 制定劳动安全卫生防治计划和具体的实施方案。
3. 健全劳动安全卫生管理制度与操作流程。
4. 健全劳动安全卫生档案及其监护档案，根据规定做好入职前、在职、离职的健康检查与应急检查。
5. 健全工作场所危害因素监测和评价机制。
6. 健全劳动危害事故应急救援预案。
7. 进行劳动安全卫生知识的定期培训。HR需要对员工进行入职前与在职期间的劳动安全卫生培训，要求员工遵循企业的规章制度，指导员工正确使用设备。

劳动安全卫生管理工作是一个长期的工程，在日常工作当中做好安全卫生防护工作，需要员工与HR共同努力。

9.2.3 员工处分管理

员工纪律处分可采用的形式，现在并没有明确的法律规定，在公司规章制度中，最常见的处分形式是：警告、严重警告、诫勉谈话、记过、记大过、辞退等。

关于用人单位的员工处分管理有下列建议：

1. 不要采用口头警告等难以取证的处分，避免出现小错不断却无法进行处理的情况。

2. 处分的级别不宜太多，不然会加大制度设计与处罚适用的难度，建议可以分为三层，比如记过、记大过和开除。同时，可以依照行业的特性，增添书面警告。

3. 对于同一种行为，不应该进行两种以上的处分，不然处理的合理性很难认定。通常来说，同一行为如果进行不同的行政处罚便会被认定为一事多罚，不具备合法性。但对于同一行为，既进行行政处分也进行经济处分，或进行多种经济处分的处理方式相对合理。

用人单位关于员工的经济处分有以下形式：

1. 减发绩效和奖金。这种情况若是劳动合同当中有约定或者规章制度中有明确规定，减发相应的奖金或者考核款项是合理的。

2. 降薪。这种情况属于变更劳动合同的约定，同降职一样有一定的争议。

3. 罚款。除深圳市以外，其他市区通常不合法。

4. 赔偿损失。依照员工的过错程度来确定赔付比例和金额。

对员工进行降级或撤职同样是企业常用的处分手段。但通过《中华人民共和国劳动合同法》可以得知，降级或撤职属于劳动合同变更的一种，即岗位变更。劳动合同变更的法定情形有以下几种：

第三十五条：用人单位与劳动者协商一致，可以变更劳动合同约定的内容。变更劳动合同，应当采用书面形式；

第四十条第二项：劳动者不能胜任工作，经过培训或者调整工作岗位，仍不能胜任工作的；

第四十一条第一款第三项：企业转产、重大技术革新或者经营方式调整，经变更劳动合同后，仍需裁减人员的。

上述规定中并未说明企业可以在劳动者发生过错时，对其进行降级或撤职。

因而，从劳动法律规则来看，用人单位对员工降级或者撤职并没有依据，会存在一定的争议。当然，若是一些特殊职位，在工作中犯的错误导致公司损失过大或者公共利益及安全受损，这类调整则是没有争议的。

9.2.4 劳资纠纷管理

在社会劳动法规不断完善的情况下，公司会不断遇到员工的劳资纠纷问题，如果不注重加强相应的管理，公司的风险会变得越来越大。因此，HR应该从以下几点进行预防与管理：

1. 从根源上规避风险，起到风险预防的作用。HR需要熟悉有关的法律知识，并就管理过程之中员工招聘、劳动合同的签订与管理、在职管理、激励等方面进行规范。然而，现在民营企业的法务职位欠缺，而HR因为法律的专业性不足，无法做到完全规避风险，因此公司应当和有资质的律师事务所等机构进行合作，公司有关规章制度、合同文件等应当由法务审核之后再进行采用。

2. 健全用工规范与风险控制机制。公司最初成立的时候就应当由专业机构来帮助建立相应的管理规范与风险控制机制，提前规避风险，让公司处于主动的立场。相应的制度与文件也需要职工委员会或者公认代表人员进行评审、培训和公示。

3. 采用外包方式避免劳资纠纷。公司在波峰波谷的时候或者在经营一些项目性业务的时候，可以采用人才外包的方式。如此，不但能够将劳动风险转由专业的外包机构承担，而且可以实现用工效率更高、管理成本更低。

随着公司经营时间越来越久，会遇到各种劳资纠纷问题。HR如果处理不好，会对公司信誉、品牌等产生很大的影响，甚至会直接导致公司破产。这是公司在经营人才过程中的最大风险，需要给予高度的重视。

9.2.5 劳动争议管理

引起公司劳动争议的原因有很多方面，因此对于劳动争议的预防和管理也是多方面的。那么HR应该如何进行劳动争议的预防和管理呢？

1. 建立科学合理的劳动规则。

现代公司要求规范化和制度化的管理。公司内部劳动规则的制定至少需要包含职工参与和正式公布这两个部分。公司内部劳动规则的有效要件主要为制定主体的合法性、内容的合法性和制定程序的合法性。

2. 构建和谐稳定的劳资关系。

和谐稳定的劳资关系是公司充满活力的基础，是提高公司效益的重要保障。关于构建和谐稳定的劳资关系有以下几点建议：

（1）做好员工沟通管理工作。

与员工的交流沟通应当贯穿于员工工作的全过程。对此，HR应当做好如下几个环节的工作：入职前沟通交流、培训沟通交流、试用期沟通交流、转正沟通交流、考核沟通交流、工作异动沟通交流以及离职沟通交流。

（2）建立有效的激励机制。

在公司的管理过程中，有效的激励不仅能够激发员工的潜力，提升员工的积极性，使公司得到健康发展，还可以增强公司活力，同时保证公司规章制度的贯彻落实，营造和谐的劳动关系。HR可以采取多种激励方式，包括发放奖金、职位晋升、学习培训等。

（3）加强公司文化建设。

公司文化建设有对内和对外的双重作用：对内可以建立和谐稳定的劳动关系、增强凝聚力，对外可以提升公司形象和口碑。对此，HR必须注重公司文化建设。

需要注意的是，公司文化建设是一个长时间的、不断沉淀的工程，不可能一蹴而就。所以，HR不能三分钟热度，必须切实全面地规划，高度重视，狠抓落实。

9.2.6 工伤管理

工伤管理是对工伤事故进行预防和控制，增强员工的安全责任意识，减少此类事故的发生，适用对象是企业签订合同的员工。工伤管理的内容如下：

1. 申报责任。

部门主管人员承担本部门工伤事故的申报责任，由于缓报和瞒报导致的事故责任加重部分由部门主管人员承担，总裁特批的依照批示执行。

2. 申报范围。

在部门管理范围内，部门管理的员工产生的所有工伤事故，不受时间限制；对公司已投保员工的人身意外伤害险与人身意外伤害医疗险所包含的范围，包括员工上下班途中的伤害，以及因工作造成的伤害。

3. 申报内容。

事故人员的姓名与年龄，家人的联系方式，事故人员的到岗时间，所在的部门和工作性质，具体的职位，有无受过培训，有无国家承认的从事相关工作的证明，对伤情的预估，医院的名字和地址等。

4. 受理部门及责任。

一般，人力部门为受理部门，受理责任实行首问责任制，即HR在第一时间接到工伤事故申报的时候，便为第一责任受理人，必须马上进行登记、报告与施救组织；同时负责向保险公司进行报告并要求理赔。因为推诿或者瞒报、迟报致使事故责任加重，需要由第一责任受理人承担相应责任；若相关事故得到总裁特批，则需要根据上级指示完成。

5. 安全事故的分析与处理。

公司的安全小组负责工伤事故的分析，并填写工伤事故分析报告表，在事故发生之后一个工作日内把分析报告表转交给 HR 进行执行。分析报告必须包含事故人的姓名、年龄、所在部门、职位与入职时间；事故的具体经过、事故原因分析、事故责任初步认定及理由、处理意见、事后整改和预防举措等内容。

6. 工作事故医疗补偿标准。

在确定员工为工伤事故之后，公司安全小组需要把工伤事故分成两种：一种是非本人不可抗因素而导致的，另一种是由于个人操作失误而导致的。然后，根据工伤的具体情况，进行补偿。

7. 工伤事故的处理。

在一切工作时间及工作场所内，对于由于工作原因发生的事故应先进行处理。原则是尽快救治伤者，防止类似事故再次发生。事后对当事人的处理，依照个人责任由其承担一定的医疗费用；对事故部门管理人员的处理，部门管理人员对本部门的工伤事故负有管理责任，根据工伤事故大小予以警告和处罚。

关于工伤争议，首先需要确定是否因为工伤事故而产生争议，并在公司内部进行协商。协调无效后，当事人可以在事故发生后的 30 天之内向劳动部门申请劳动仲裁，如果对于劳动仲裁判定的结果不认同，可向法院提起诉讼。

9.2.7 员工申诉机制管理

只要有人群的地方就有可能会出现矛盾，公司自然也不例外。公司内部之间的矛盾是对立统一的，具体利益存在一定的差异，但其根本利益是一致的。因此在仲裁、诉讼之前，HR 应当想尽一切办法将各种矛盾在内部解决，员工申诉机制可以规定各类矛盾在公司内部解决的渠道、程序与期限，并告知员工对公司的处理结果不满意的处理方式。

HR可设立员工关系管理岗位，工会也需要挑选员工关系委员，它们是企业员工关系管理的重要机构。工会需要清楚并收集公司员工的诉求，积极反映员工需要，建立各种渠道畅通信息交流沟通。同时，工会要参与公司减薪、停职停薪等重大决策，代表员工发声。HR负责和其他管理部门沟通，将员工与公司的情况进行传达，及时解决矛盾，站在公司与员工的角度保障双方合法权益。

公司员工存在任何的不满与问题可以依次向部门管理人员、部门经理、HR、工会、总经理提出。

员工申诉机制能够使员工的问题与不满及时获得处理，有利于降低HR处理此类事件的负荷，提升公司内部独立解决矛盾和争议的能力，避免外界的干预。

9.3 劳动合同管理

9.3.1 劳动合同的日常管理

HR加强劳动合同的日常管理，可以保障劳动合同制度的有效运行，发挥出劳动合同的激励作用，激发员工的工作热情，提升公司经济效益。HR对劳动合同的日常管理主要包括以下几种方式：

1. 检查和完善劳动合同内容。HR需要定期对已签订的劳动合同进行核查，修改合同当中和劳动法规及相关规定不符合的条款，对于缺少的必备条款及时补充；条款过于不明确的，可以和员工协商一致以后签订补充协议，还可以把相关的内容补充进劳动合同之中。通过上述举措，使劳动合同更加全面具体地规定劳动双方的权利与义务，减少因劳动合同产生的问题和矛盾。

2. 建立和运用合理有效的管理方式，促进劳动合同切实有效地履行。HR需建立劳动合同台账，对员工的基本情况、具体工作年限、合同条款、合同期限等进行动态管理。具备相应条件的HR，应实现现代化管理方式。

3. 健全与劳动合同制度所匹配的规章制度。HR需要根据劳动法规，建立与劳动合同制度匹配的内部规章制度，包含工资、工时、保险、假期、福利和员工奖惩办法等，并将劳动合同执行情况和员工的工资和福利联系起来，促进新型劳动用人机制的形成。

4. 加强劳动合同制度的管理。HR制定的方案需要由员工大会讨论通过后才能施行，实施方案应就劳动合同签订、执行、变更、解除以及终止等每个环节进行详细的规定，以此作为劳动合同运行的依据。HR应在合同到期前30天向员工提出终止或者续签合同的意向，并及时办理相关手续。

5. 确定劳动合同日常管理工作责任制。HR需要派遣专门人员负责劳动合同的管理，而且需要经过专业的培训，使劳动合同管理人员了解并掌握相关法律法规，根据相应政策进行管理，提高劳动合同日常管理水准。

6. 强化对劳动合同日常管理的监督。HR应当积极参与劳动合同制度的建立及其日常管理工作，对劳动合同的执行情况进行监督，对于劳动合同执行过程中出现的问题和不足，提出对应的意见与建议。同时，HR也应督促争议调解委员会完成劳动争议的调解工作，减少和避免劳动争议的产生，保障劳动合同的切实执行。

HR应当正确制定和运用公司内部的规章制度，做好劳动合同日常管理工作，增强员工的凝聚力，减少不必要的劳动争议和纠纷，促进劳动关系的和谐发展。

9.3.2 劳动合同续签管理

劳动合同续签管理是HR在用工管理中的常规环节。在用人单位和员工的劳动合同到期之前，劳动双方可以选择要不要进行劳动合同的续签，若劳动双方达成一致就可以续订劳动合同。HR对于劳动合同续签的相关管理工作如下：

1. 设计劳动合同续订意向书和通知书。

劳动合同续签管理中有两份文件非常重要，即劳动合同续签意向书和劳动合同续签通知书，都需要 HR 和法务部认真审核。这两份文件不但要在内容上用心设计，在使用的时候也应当选择合适的时机。

（1）设计续签意向书。

需要注意的是，劳动合同续签意向书反映的是员工的续签意向，而不是用人单位的续签意向。

在实际工作中，有些用人单位的员工续签意向书之中包含两部分内容，既包含了用人单位的续签意向，也包含了员工的续签意向。这种设计表面上看能够一次性表明双方的意向内容，但因为用人单位在员工的劳动合同期限届满时，通常需要以员工意向为基础考虑是否需要和员工终止劳动合同，进而还会牵涉到补偿金的支付问题。除特殊用工情况以外，用人单位和员工都在续签意向书中表明双方意向，会给后期用人单位的用工管理带来很多麻烦。因此，不建议在员工续签意向书中表现用人单位的续签意向。

（2）设计续签通知书。

续签通知书中需要包含拟续订劳动合同的约定条款。在实际工作中，不少用人单位续签通知书之中仅反映了和员工是否续签劳动合同的内容，续订条件却很少提及。然而，按照劳动法规的相关规定，这类情况有可能会牵扯到员工不同意续签，而用人单位不能证明续签条件或提供约定条款，便会引发用人单位支付补偿金的风险。基于这种情况，建议 HR 在续签通知书之中表述为：维持原劳动合同约定条件，或提高原劳动合同约定条件之类的措辞。

2. 意向书和通知书发送的时机及签署技巧。

设计完成意向书和通知书以后，就要面临何时向员工送达以上文件的问题。

（1）意向书和通知书发送的时机选择。

虽然签订书面劳动合同的法定期限是从用工当天起 30 天之内，但这一宽限期只是用人单位不和员工签署书面劳动合同的宽限期，不是续订劳动合同的风险规避期。

劳动合同期限届满以后，员工没有再去用人单位工作或员工到其他用人单位工作，都属于员工和用人单位在劳动合同到期后自动终止合同的情况。若用人单位没有把续签劳动合同的意向传达给员工，也没有其他的证据证明员工不同意续签，那么用人单位需要依法支付经济补偿给员工。因而，HR 必须在劳动合同到期前完成续订通知的义务，不要在期满后再通知员工续订合同，以免造成难以挽回的损失。

（2）提供意向书与续签通知书的顺序。

基于上述情况，两份法律文件的送达时间最少需要提前一个月。劳动合同对续签事宜有相关约定的，HR 必须严格根据约定来执行。之后就是提供意向书和通知书的先后顺序，但不是所有续签事务的处理都会涉及两个法律文件的先后提供。

比如，在员工已经表示同意续签劳动合同意向，而用人单位也同意续签的，且劳动双方没有其他争议，则无须发送续签文件，通常可以直接签订新的劳动合同，应签署无固定期限劳动合同却签署固定期限劳动合同的情况除外。

为了尽快了解和统计员工的续签意向，从而确定用人单位的有关应对方法，HR 应争取先由员工签订续签意向书，然后再按照员工的续签意向确定后期的操作。

（3）签署技巧及通知送达方式。

员工填写劳动合同续签意向书的时候需要现场填写并由 HR 直接收回。员工要求考虑一段时间以后再给出答复的，HR 需把没有签署的原件收回，并且尽可能由员工书面确认考虑的时限，该时限需要在合理的范围之内。

除此以外，HR 和员工沟通以上法律文件的签订时最好采取当面沟通的方式进行，不要采取微信或者其他聊天工具等线上方式进行。从实际操作来看，一些不易确定的事项，在员工和 HR 交流时可能会产生歧义，或产生对用人单位影响不好的证据。

HR 在发送续签通知的时候，应当先采用员工在用人单位备案的电子邮箱。之所以首先考虑运用这种方式，是因为实际情况里经常出现员工拒绝签收续签通知的状况。先由电子邮件发送续签通知，再进行当场送达，即使被拒绝也并不影响已送达的效力。当然，续签通知也可以采取邮寄的方式来完成送达，但从实际情况来看，邮寄的精准性有时候不如电子邮件。

3. 争议问题处理。

劳动合同续签事务处理时，如果 HR 和员工发生续签争议，用人单位内部需要首先形成是否同意续签或是否支付补偿金的基本意见。然后由 HR 和员工进行协商处理。协商过程中可以录音和录像，但不建议把录音、录像内容进行公开。将录音和录像公开容易引起员工的反感以及不信任，不利于问题的协商和解决。HR 和员工沟通协商时最好是单独进行，最多不宜超过两个人。

总而言之，HR 应当熟知相关的法律规定和司法实践中的有关情况，在和员工的协商过程中，尽量从员工角度出发深入沟通交流，寻求法律程序保障权益和用人单位利益的平衡点。

9.3.3 无固定期限劳动合同管理

无固定期限劳动合同指用人单位和员工约定没有确切的终止时间的合同。这里的没有确切终止时间，是合同的时期长短无法确定，并不是没有结束的时间。只要未发生法律规定的情形或是双方约定的条件，劳动双方便要接着执行劳动合同所规定的义务。如果有法律规定的情形发生，无固定期限劳动合同便可以解除。

关于无固定期限合同的管理及实际操作，有以下几个方面：

1. 无固定期限合同适合的员工。

通常来说，从忠诚度与胜任能力的角度来看的话，公司的员工大致可以分为四类：一是忠诚度高并且完全具备胜任能力，这类人才通常较少，且单纯依靠无固定期限合同是难以挽留的；二是忠诚度高但不完全拥有胜任能力，这类员工占据多数，适合和其签订无固定期限合同。这是因为公司的核心竞争力是员工的忠诚度，工作能力能够通过培训等多种方式进行培养和提高，但忠诚度看重的是员工和公司的心理契约与预期，难以借助外力来进行提高；三是忠诚度不高但完全具备胜任能力，这类员工同样占据多数，适合固定期限合同与项目合同；四是忠诚度不高且不具备胜任能力，这一类员工是任何公司都唯恐避之不及的。

2. 理解和运用签署无固定期限合同的法定情形。

这里值得注意的两点是：一是当事双方已经接连两次签署固定期限合同，第三次就应当签署无固定期限合同，除非员工主动提出要签署固定期限合同。这表示第一次固定期限合同结束的时候，公司就需要考虑是否要继续留用此员工，而不是第二次固定期限合同结束的时候才进行考虑；二是超过一年没有签订劳动合同的，则视为签署无固定期限合同。

3. 在无固定期限合同存续期间进行灵活的职位管理。

HR管理工作当中最重要的就是工作分析或者职位分析。职位管理和HR管理的全部环节都存在密切的关系。无固定期限合同并不表示职位也是没有期限的，公司可以和员工另外签署合理期限的职位管理合同，并以此进行工资和绩效的管理。

4. 无固定期限合同的变更与解除。

实际工作之中，劳动合同的变更主要是职位、工作地点与工资的变动。无固定期限合同的变更，同样应当遵从劳动法规和实际工作中确立的相关原则。而无固定期限合同的解除，与固定期限合同的解除没有什么分别，只要公司完善有关规章制度的管理，完全能够实现解除无固定期限合同员工的风险与成本最小化。

需要注意的是，不少人错误地以为无固定期限劳动合同是无法变更的合同。其实，无固定期限劳动合同与其他合同相同，同样适用劳动法规与协商变更原则。根据相关法律法规，公司和员工协商一致后就可以变动合同的有关内容。除劳动合同的期限以外，劳动双方还可以对赔偿等方面进行协商，不能采取欺诈、隐瞒等非法手段，同时需要注意变动后的内容不违反劳动法规。否则，变动是无效的。

9.3.4 劳动合同变更及终止管理

在劳动合同和实际情况不符的情况下，合同继续实行会对当事双方的权益造成损害，所以可以在当事双方满足条件时对合同进行变更。

劳动合同变更程序主要有三个步骤：

第一步，要约。HR对合同的变更向当事员工提出要约，表明变更的理由、内容等相关信息，请求对方在一定的时间以内给予回复。

第二步，承诺。当事员工接到HR的变更要约后，需要及时给予回复，明确告知HR是否同意变更要求。

第三步，订立书面变更协议。当事双方协商变更合同的有关内容和条款，在意见一致以后签署书面形式的变更协议。协议要明确哪些内容是变更后的，并由双方签字盖章以后就可生效。变更之后的合同文本由公司和员工各执一份。

关于变更劳动合同管理的注意事项包括：

1. 如果劳动合同还没有订立或已经结束则劳动合同的变更问题也就相应消失。

2. 需要遵守平等自愿的原则，这不仅是合同订立时的原则，也是其变更的原则。劳动合同的变更需要公司和员工协商一致，否则不能改动。

在实际情况中，有的公司为了变更劳动合同，采用了很多变通方式。如按照工作的需要，采取公开考试的办法，未通过考试的员工另行安排职位或者予以辞退。这种办法看似公平，但在没有经过员工同意的情况下，对员工不具有约定力，公司仍然需要继续执行原合同。

3. 不能违背相关法律规定，必须合法。劳动合同变更不可随意，公司和员工变更的内容和条款必须符合劳动法规的有关规定。

4. 必须采取书面形式。劳动双方在协商之后对变更劳动合同中的条款意见一致的时候，必须完成变更的书面协议，任何口头完成的变更协议均无效。为了避免劳动双方因为合同的变更而出现争议，其书面协议需要表明变更了合同中的哪些内容，还需写明变更劳动合同的生效日期，由公司和员工双方当事人签字盖章后生效。

劳动合同的变更需要及时进行。如果劳动合同未能及时变更，那么原合同条款继续生效，这往往会因为不适应新的情况而产生争议。如果其中一方知道对方要求变更劳动合同之后，应在合理时限内给出回复，不能够置之不理。

用人单位未经员工同意私自或者强行对劳动合同的内容进行变更，属违约行为，需承担违约责任，造成员工损失的要承担相应的赔偿责任。

关于劳动合同的终止管理事项如下：

1. 起草终止劳动合同的报告，经商讨批准后下发。

2. 办理相关员工的手续清缴。

3. 移交社保部进行停保等有关手续办理并支付补偿金。

公司和员工可以终止劳动合同的情形有：合同期限已满，合同约定的任务已经完成，合同约定的终止条件出现，当事人死亡，员工退休，公司破产或解散后不复存在，法律法规另有规定终止合同等。劳动合同终止后，若当事双方意向一致，可重新签订劳动合同。

9.4 常见用工风险管理

9.4.1 招聘环节风险管理

在公司招聘过程中,由于招聘的过程较为复杂,可能会出现很多的不确定因素,进而产生风险。为了减少招聘时的风险,HR可以尽量通过内部调整来满足公司需求,无法满足时再选择从外部招聘新员工。如果HR在招聘过程中出现失误,引进了工作能力不足的员工,必定会对公司的发展产生影响。因此,做好招聘环节的风险管理非常重要,HR可以从以下方面入手:

1. 建立完善合理的风险管理机制。

HR招聘过程中要想规避风险,最重要的就是建构一个完整合理的风险管理机制。通常来说,风险管理机制中包含了风险识别机制、风险监测机制、风险控制机制和风险评估机制。

风险识别是指HR在招聘新员工时能对应聘人员做出准确的判断,可以有效识别出所获得的信息是否真实。为了达到这个目的,HR需要健全对应的招聘制度。

风险监测需要针对风险项目制定相应的防范对策之后,依照所列项目监测各项招聘工作的风险。

风险控制是依照检测到可能会发生的风险,通过采取补救措施来避免风险导致的损失。

风险评估是指HR可以预先对招聘过程中可能会产生的风险做出预判,并对风险所带来的后果进行评估。

2.提高HR的能力和水平。

HR的能力水平是公司健康发展的关键，优秀的HR可以为公司带来新的活力和动力，助力公司走向成功。因而，HR应依据人才的要求制定测量和评价的标准，才能切实开展员工招聘。

对公司的HR也需定期进行培训。HR需要了解公司在各阶段对于人才的不同需求，在招聘时准确地完成对人才信息的鉴别，及时规避招聘风险。同时，还应当注重考核与反馈机制的建构，提高有关人员的重视度，提高HR的工作能力，从而避免HR招聘中产生风险。

3.制定清晰详细的书面录用条件。

对于不符合录用条件的人员，HR具有单方解除劳动合同的权利，但要规避掉违法解约的风险。因此，HR可以按照不一样的工作职位，制定不同的录用条件。

如果招聘的新员工是要掌握公司重大商业机密的人员，为避免公司商业机密外泄和其离职之后从事相同性质的工作，给公司带来损失，HR需要和其签订保密协议与竞业限制协议。

4.做好入职审查工作。

一般的岗位只需要进行基本的审查即可，比如审查姓名、年龄、身份证号、籍贯等；有的岗位还需要进行工作经历审查，比如是否和上一家公司解除劳动关系、是否符合职位的录用标准等。

对于关键性职位，如高级管理人员、财务人员等，则需要进行深入的背景审查。HR可以自行调查，也可以委托第三方机构进行深入调查。调查内容除基本信息审查外，还需要对相关证书的真伪进行审查、是否和上一家公司解除了竞业限制协议审查、工作能力能否胜任审核、以往工作经历审查、是否有犯罪记录审查等。

HR在招聘的时候存在很多风险，这些风险会给应聘者与公司双方都带来严重损失，因此应当对可能面临的风险有深刻的认知。每个公司的具体情况存在差异，遇到的风险种类也不尽相同，因而在借鉴其他公司规避风险的基础上，HR还需依照自身的实际情况做出调整。

9.4.2 日常生产风险管理

进一步改进内部控制和日常生产风险管理，最大限度发挥其作用与效果，可以从下列几个方面深入和细化工作：

制定和落实日常生产风险管理制度，将风险管理和公司发展相结合，根据公司发展战略，制定日常生产风险管理工作规划。

好的制度是日常生产风险管理的保障。长期做好日常生产风险的管理，不能单靠人管人，必须要建立一套合理完善的管理制度，让公司员工都遵守制度，形成依制度管人、按制度做事的长效机制。同时，还要抓好制度的执行与落实工作，确保制度的权威性。

1. 落实日常生产风险管理责任制，将其纳入绩效考核管理，运用责任到人的方式使员工认识到风险管理的重要性，促进公司风险管理体系的建设，保障风险管理的有效落实。

2. 做好质量标准化建设，即在日常生产过程中要秉承质量为本的原则，实行高标准、严要求、严考核，减少和消灭不合格品，提高生产质量，在根源上减少隐患，消除风险。

3. 加强生产精细化管理，即每一个环节、每一项任务，都需依照规定的标准和程序来进行操作和管理，避免给公司造成不必要的损失。

4. 做好隐患排查工作，即工作好坏要通过监督检查来发现，因而隐患排查工作是发现和解决问题的必要途径。公司应当利用多种方式与渠道加大检查的力度和频率来达到减少隐患，消除风险的目的。

5. 建立专业的人才团队，负责日常生产风险管理。加强相关专业知识与技能的培训，强化员工的技术水平及综合素质，提高员工识险除患的能力，保证风险管理的专业性。

6. 加强公司文化建设，即公司管理不单靠制度的约束，还要看重员工的素质修养。把制度的约束变成员工的自觉，不断加强公司员工的思想素质教育，培养优秀的工作习惯，切实将遵章守纪变为自觉行为。

7. 建立日常生产风险预警机制，对减少风险和防止风险扩大可起到极其重要的作用。因此，HR应建立一个预测全面、措施有效的风险预警机制。

良好的日常生产风险管理是促进公司健康稳定发展的重要途径。加强公司日常生产风险管理，对于提高公司生产经营的管理水平，防范风险行为，保证公司战略目标的实现具有重大意义。

9.4.3 员工培训风险管理

在员工培训过程中，公司需要投入大量时间和成本，为了防止培训过后员工流失的状况，HR必须做好员工培训风险管理。

1. 构建科学合法的规章制度。HR要做好员工培训风险管理，必须构建有关培训管理的规章制度，做到内容合法合理。

2. 设计合理的培训协议。在培训协议之中，HR需要约定公司与员工在培训过程中分别需要承担的责任与义务。劳动法规中明确规定了公司为员工提供相应的培训费用，为其进行专业的培训，可以和员工签订培训协议，约定服务期限。合法合理的培训协议，会是公司控制培训风险最有效的办法。

3. 依法和员工签订劳动合同。公司未依法和员工签订劳动合同，不仅要承担相应的法律责任，还不能主张员工有关培训的违约责任。依法签订劳动合同可避免有些人员钻法规政策的空子，寻找公司的漏洞。

4. 养成良好的培训管理习惯。关于员工的专业培训最好不要在试用期内，试用期虽也在劳动合同期，但由于该阶段较为特殊，HR 为试用期内的员工进行专业培训之后，若是员工选择离职，则会带来很多麻烦；同时，也不要一次性投入太多培训经费，否则，如果员工离职，即便公司可以拿到违约金，但因为数额巨大，员工难以偿还，可能导致员工不辞而别，公司同样会遭受经济损失；在培训结束后，培训费用应由员工签字确认，表示对培训费用没有争议，即便以后产生劳动争议，HR 也可以掌握充分的证据。

5. 完善培训后的晋升制度。对于培训过后如何安排，HR 应当做出清晰的规定或者建立员工晋升通道，使员工可以依照职业目标发展自我、完善自我，为公司所用。这就要求 HR 要对员工进行培训之后的考核监督，培养公司生产与经营的骨干力量，让培训变成公司发展的动力源。

9.4.4 员工离职风险管理

面对员工的离职行为，HR 应持有客观成熟的态度。一方面，人才流动是社会人力资源配置的重要形式，它可以优化群体结构、保证人力资源队伍的活力；另一方面，HR 要将员工离职的风险控制在一定范围之内，减少和避免风险事故的发生。下面介绍员工离职可能会产生的风险以及 HR 应该掌握的对应的防范管理措施：

1. 对于员工离职导致公司关键技术或商业秘密泄露，HR 的相应管理如下：

（1）成立研发和技术团队，不要过分依赖某个或者少数技术管理人员。

（2）与公司的关键性人才签订竞业限制协议，要求员工在职期间不能兼职其他竞争公司或者兼营竞争性业务，离职后在特定时期或者地区不能在竞争公司工作或从事竞争性经营活动。

2. 对于员工离职带走公司客户，致使客户流失，HR 的相应管理如下：

（1）建设客户信息数据库，做好客户关系管理，让客户为公司享有和使用。

（2）实行品牌战略，依靠公司品牌的知名度与美誉度留住客户，让客户真正信任的是公司本身。

（3）健全公司晋升和奖励机制，留住优秀员工。

3. 对于员工离职后的职位空缺尤其是关键性职位的空缺，HR 的相应管理如下：

（1）运用战略性员工管理思想，做好人力资源规划工作。

（2）对于核心职位，实行人才储备制度，注意培养有潜质的员工。

4. 对于员工集体跳槽，HR 的相应管理如下：

（1）选拔和招聘不同背景的员工，运用多元化的管理方式，让员工认同公司文化和价值观，增加员工对公司的归属感。

（2）实行管理人员轮换制度，定期在部门或者地区间进行轮岗。

5. 对于员工离职尤其是关键人员离职造成的人心不稳，HR 的相应管理如下：

（1）就离职事件和员工进行交流沟通，说明原因，鼓励在职员工努力工作，让他们对未来充满信心。

（2）帮助员工做好职业生涯规划，提供必要的培训，建立合理科学的培养计划。

9.4.5 竞业限制风险管理

在实际工作中，不是公司所有的员工都要签署竞业限制协议。即使签订此协议，若员工提出其不涉及商业机密，则此协议可能会被认定无效。因此，针对竞业限制风险的管理措施如下。

1. 严格把控劳动合同的内容。

查看现有的劳动合同有没有因为模板而带有竞业限制条款，对不必要的条款进行清理。分析有关案例可以发现，有的公司的劳动合同是由网上直接套用的模板，一些不该采用竞业限制的员工也因为该原因而产生了劳动争议，而这类情况是最容易避免的。

2. 依照公司的实际情况制定竞业限制协议。

（1）确定竞业限制协议的主体。根据相关法律规定，竞业限制协议的主体通常是限定高级技术和管理层人员、负有保密义务的员工等。

（2）确定竞业限制的时限、范围和领域。竞业限制的时限不能超过2年，超过的时期不作效，HR可以结合实际需求确定合理的竞业限制时限；确定竞业限制的范围，在全球、全国，还是省市；确定竞业限制的领域是某领域还是跨领域，若有竞争公司的具体名称，可以把竞争公司名称列明在竞业限制协议中，减少举证负担。

（3）明确竞业限制补偿标准和支付形式。结合公司实际情况，明确合理的竞业限制补偿标准。虽然法律没有对此进行具体限制，但建议HR尽量按照不低于员工离职前一年平均工资的30%，且不低于当地最低工资的标准来确定经济补偿。同时，确定双方的支付形式，并确定员工没有收到经济补偿时的反馈措施，避免产生风险。

（4）确定违约金的标准。明确违约金的金额与计算方式，尽量避免"赔偿全部损失""赔偿所得收益"之类的措辞。

（5）合理的检查方式。HR可以要求离职员工在一定时期内提供和新入职公司签订的劳动合同、纳税记录等信息，检查员工是否执行竞业限制义务。

（6）明确送达方式。确定送达地址和送达规则，避免因为无法送达而导致纠纷。

3. 在员工离职时办理好交接手续，明确是否执行竞业限制义务。

HR具有要求员工是否执行竞业限制的主动权，通常在员工离职之前就需要明确员工是否需要执行竞业限制义务，如果不需要，则告知员工并保存相应的证据。同时，如果公司和员工的劳动纠纷包括其他诉求，可以运用无争议条款解决竞业限制问题，但应写明无争议条款范围包括竞业限制。

4.如果因为竞业限制而产生劳动纠纷的，HR应积极收集证据。

员工违反竞业限制协议的证据主要有：员工的社保缴费记录、完税证明、员工所在新公司的经营范围等。同时，HR还应当依照案情的需要考虑聘请专业律师。

公司的生产经营过程中，存在着各种风险。HR只有认真分析各种可能出现的风险，了解和熟悉其特点，制定对应的防范管理对策并切实执行，才能有效防范各种风险。

第10章
Excel 在人力资源管理中的应用

10.1 了解 Excel 在人力资源管理中的作用

10.1.1 Excel 对人力资源管理的重要性

一般来说，人力资源规划、组织与岗位管理、招聘与面试、培训学习、绩效管理、薪酬管理、社保管理以及员工的劳动关系和企业文化等都是 HR 的工作管理范围。而在这几个模块中，除了企业文化以外，其他的模块都会用到 Excel。

俗话说得好，工欲善其事，必先利其器。HR 在工作中有了 Excel 的帮助，工作的效率就会有很大的提高。例如，在 HR 的工作中，通过 Excel 梳理相关数据，可以更有效地实施管理工作。

1. 掌握了企业员工的流入情况和流出情况，可以更好地了解企业人力资源成本的变化。

2. 了解了员工的薪酬与变化情况，可以更好地为公司未来的薪酬管理提供依据。

3. 记录了员工的考勤情况、员工的绩效和奖金情况，能够准确地计算出员工的工资并发放到他们的工资卡中。

4.将公司所有员工的工资进行汇总，可以制作出一份详细的五险一金的表格和个税的代扣代缴表格。

5.在员工的生日即将到来或者新的员工试用期即将要结束的时候，为了避免出现错漏，可以在Excel表格中设置提醒。

6.销售部门可以用Excel表格统计和核算每个销售人员的销售业绩，并根据他们的业绩计算出相应的奖金。

对于任何一名HR来说，要想对人力资源进行科学和有效的管理，就必须掌握Excel的数据管理、分析以及处理等功能，包括对常用函数、数据透视表、数据处理分析方法以及图表的使用方法和技巧等。

10.1.2 数据源表格与报表表格

1.数据源表格。

数据源就是数据的来源。数据源中存储了数据库所连接的信息，好比是可以通过文件的名称找到系统中的文件一样，通过数据源的名称，就可以找到相应的数据库的连接。

简单来说，图表中数据的引用来源就是数据源。在"插入"菜单选择"图表"，即可打开图表的对话框，而数据源就在这个位置。因为图表大部分都是二维的，所以其类似于一个坐标轴，分别是分类轴和数值轴，也可以看作数学中的x轴和y轴。通常情况是在图表生成时对两个轴进行自动选择，也可以在图表生成以后修改轴。

它们可以使数据有动态的变化，但是通常只是用最简单的表格格式来对数据进行显示。数据源表格并不能实现"格式多样化"这一特性。

2. 报表表格。

报表表格就是向上级汇报情况的表格。通俗来说，报表一般是用表格和图表等形式显示数据，用公式表示是：报表 = 多样的格式 + 动态的数据。

在以前没有计算机的时候，人们一般是用笔和纸来记录数据。例如，人们常说的豆腐账，就是把每天卖出去的豆腐记录在本子上面，月底进行汇总计算。在这样的情况下，报表的数据和格式是相互结合在一起记录在一个本子上，那么这些数据就只有记录数据的人才能理解，而且这样的形式不容易修改。

计算机出现以后，人们开始通过计算机对数据进行处理和对界面设计来生成图表。数据的动态化、格式的多样化已经成为计算机报表的主要特点，并且把报表数据和格式做到了相互独立的形式。这样在修改的时候，可以只修改格式或者只修改数据。

报表可以通过 Excel 和 Word 等软件制作。这些软件都可以制作出相对比较复杂的报表格式，但是它们的缺点是无法对报表的结构进行动态加载，所以这些软件的数据是定义好的，不能变化的，是静态的，不能实现"数据动态化"这一特性。

10.2　Excel 的规范操作

10.2.1　表格结构的规范操作

为了增强表格的阅读体验，更好地从众多的数据中有效地区分且突出数据，通常采取 Excel 常用的规范化的格式。这种格式通俗易懂，能够在计算和观察数据的过程中做到清晰且明确。

在通常情况下，只要做到有意识地将表格规范化，就会利人又利己。Excel表格的规范化操作如下：

1. 首行的高度设置为18，甚至更高。

2. 英文的字体是Arial，日文的字体是MS PGonthic，中文的字体是微软雅黑。

3. 数字之间要用千分位隔开。

4. 细项要缩进。

5. 每个单位要自成一栏。

6. 表格的框线是上面粗，下面细。

7. 文字要做到靠左对齐，数字要做到靠右对齐。

8. 表格要新增序号列1，2，3，4，5，依此类推，不要在A1单元格开始。

9. 突出的数据要用其他颜色标注出来。

10. 日期要写在表格靠左处，或是在第二列。

11. 网格线要去掉。

通俗来说，添加行高就是选中所需要的行，右键单击选中的行高，然后填上行高。见图10.2.1.1。

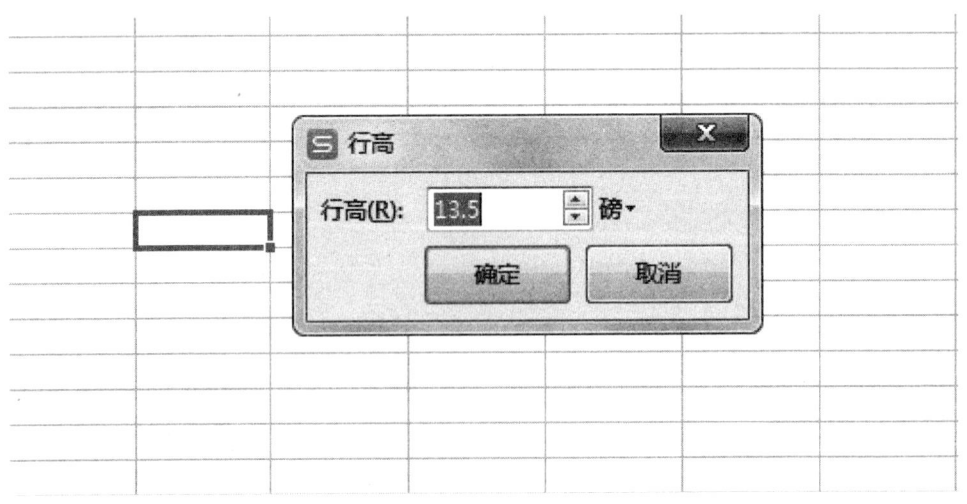

图10.2.1.1　如何添加行高

第 10 章　Excel 在人力资源管理中的应用

1. 中文字体要设置成微软雅黑，见图 10.2.1.2。
2. 数字用千分位相隔开，见图 10.2.1.3。

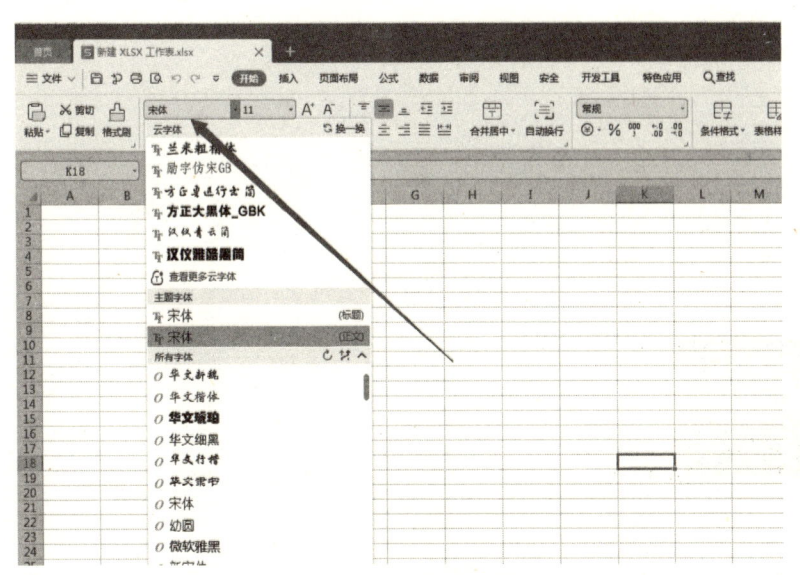

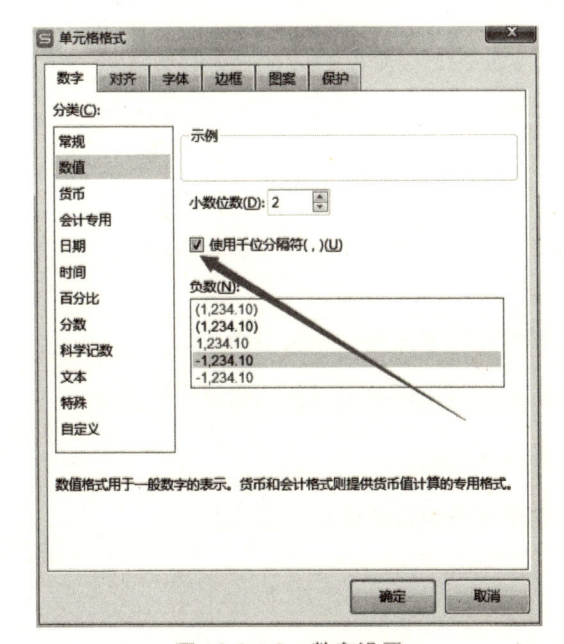

图 10.2.1.2　字体设置

图 10.2.1.3　数字设置

3. 用 Ctrl+1 调出来单元格的格式，同时选择数字这一选项，选择千分位的会计专用。如果单元格里面的数字有它的单位，那么可以选用相应的货币单位。

4. 为方便统一编辑，单位要自行一栏，见图 10.2.1.4。

	A	B	C	D	E	F	G
1				XX手机卖场业务员销售情况			
2	时间	人员	产品	数量	地区	金额	单位
3	2020.11.11	张三	手机	1	河北	5,499.00	元
4	2020.11.12	张三	手机	1	河北	3,298.00	元
5	2020.11.13	张三	手机	1	河北	4,399.00	元
6	2020.11.13	张三	手机	1	河北	2,099.00	元
7	2020.11.15	张三	手机	1	河北	1,999.00	元
8	2020.11.16	张三	手机	1	河北	5,899.00	元
9	2020.11.16	张三	手机	1	河北	4,699.00	元
10	2020.11.18	张三	手机	1	河北	1,599.00	元
11	2020.11.19	张三	手机	1	河北	1,698.00	元
12	2020.11.19	张三	手机	1	河北	2,598.00	元
13	2020.11.21	张三	手机	1	河北	3,699.00	元
14	2020.11.22	张三	手机	1	河北	4,599.00	元
15	2020.11.22	张三	手机	1	河北	4,599.00	元
16	2020.11.23	张三	手机	1	河北	1,999.00	元
17	2020.11.24	张三	手机	1	河北	5,899.00	元
18	2020.11.25	张三	手机	1	河北	4,699.00	元
19	2020.11.25	张三	手机	1	河北	1,599.00	元
20	2020.11.25	张三	手机	1	河北	1,698.00	元
21	2020.11.26	张三	手机	1	河北	2,598.00	元
22	2020.11.27	张三	手机	1	河北	1,999.00	元
23	2020.11.28	张三	手机	1	河北	5,899.00	元
24	2020.11.28	张三	手机	1	河北	4,699.00	元
25	2020.11.29	张三	手机	1	河北	1,599.00	元
26	2020.11.30	张三	手机	1	河北	1,698.00	元

图 10.2.1.4　单位设置

5. 表格框线，要上面粗下面细，见图 10.2.1.5。

（1）表格的开头也是上边框要用黑色的粗线标注出来。

（2）插入行，并留出空隙。

（3）第二标题的单元格的边框要用白色相隔开。

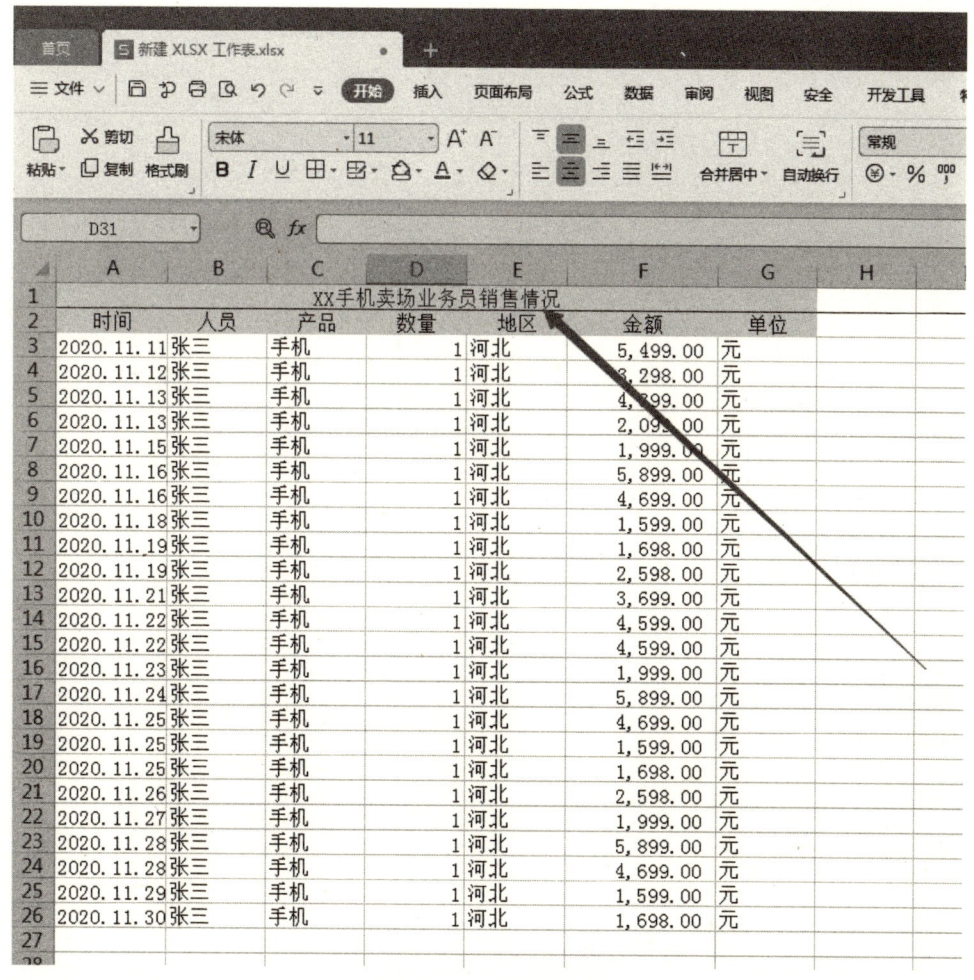

图 10.2.1.5 表格设置

6. 文字要靠左对齐，数字要靠右对齐，尤其是在数字有单位的时候。

数字金额靠右边，所以订单金额也要向右边靠，还可以自动调整两列的宽度。见图 10.2.1.6。

	A	B	C	D	E	F	G
1	XX手机卖场业务员销售情况							
2	时间	人员	产品	数量	地区	金额	单位
3	2020.11.11	张三	手机	1	河北	5,499.00	元
4	2020.11.12	张三	手机	1	河北	3,298.00	元
5	2020.11.13	张三	手机	1	河北	4,399.00	元
6	2020.11.13	张三	手机	1	河北	2,099.00	元
7	2020.11.15	张三	手机	1	河北	1,999.00	元
8	2020.11.16	张三	手机	1	河北	5,899.00	元
9	2020.11.16	张三	手机	1	河北	4,699.00	元
10	2020.11.18	张三	手机	1	河北	1,599.00	元
11	2020.11.19	张三	手机	1	河北	1,698.00	元
12	2020.11.19	张三	手机	1	河北	2,598.00	元
13	2020.11.21	张三	手机	1	河北	3,699.00	元
14	2020.11.22	张三	手机	1	河北	4,599.00	元
15	2020.11.22	张三	手机	1	河北	4,599.00	元
16	2020.11.23	张三	手机	1	河北	1,999.00	元
17	2020.11.24	张三	手机	1	河北	5,899.00	元
18	2020.11.25	张三	手机	1	河北	4,699.00	元
19	2020.11.25	张三	手机	1	河北	1,599.00	元
20	2020.11.25	张三	手机	1	河北	1,698.00	元
21	2020.11.26	张三	手机	1	河北	2,598.00	元
22	2020.11.27	张三	手机	1	河北	1,999.00	元
23	2020.11.28	张三	手机	1	河北	5,899.00	元
24	2020.11.28	张三	手机	1	河北	4,699.00	元
25	2020.11.29	张三	手机	1	河北	1,599.00	元
26	2020.11.30	张三	手机	1	河北	1,698.00	元

图 10.2.1.6 数字设置

7.如果要在表格中突出显示某些数据，那么可以用突出的颜色标注出来；如果要显示的数据较为核心，就对相应的单元格用更深色的颜色突出。见图10.2.1.7。

第 10 章　Excel 在人力资源管理中的应用

3	2020.11.11	张三	手机	1 河北	5,499.00	元
4	2020.11.12	张三	手机	1 河北	3,298.00	元
5	2020.11.13	张三	手机	1 河北	4,399.00	元
6	2020.11.13	张三	手机	1 河北	2,099.00	元
7	2020.11.15	张三	手机	1 河北	1,999.00	元
8	2020.11.16	张三	手机	1 河北	5,899.00	元
9	2020.11.16	张三	手机	1 河北	4,699.00	元
10	2020.11.18	张三	手机	1 河北	1,599.00	元
11	2020.11.19	张三	手机	1 河北	1,698.00	元
12	2020.11.19	张三	手机	1 河北	2,598.00	元
13	2020.11.21	张三	手机	1 河北	3,699.00	元
14	2020.11.22	张三	手机	1 河北	4,599.00	元
15	2020.11.22	张三	手机	1 河北	4,599.00	元
16	2020.11.23	张三	手机	1 河北	1,999.00	元
17	2020.11.24	张三	手机	1 河北	5,899.00	元
18	2020.11.25	张三	手机	1 河北	4,699.00	元
19	2020.11.25	张三	手机	1 河北	1,599.00	元
20	2020.11.25	张三	手机	1 河北	1,698.00	元
21	2020.11.26	张三	手机	1 河北	2,598.00	元
22	2020.11.27	张三	手机	1 河北	1,999.00	元
23	2020.11.28	张三	手机	1 河北	5,899.00	元
24	2020.11.28	张三	手机	1 河北	4,699.00	元
25	2020.11.29	张三	手机	1 河北	1,599.00	元
26	2020.11.30	张三	手机	1 河北	1,698.00	元

图 10.2.1.7　如何突出数据

10.2.2　工作表内容的规范操作

插入工作表是 Excel 最基本的操作，一般在打开的时候会有三个工作表，如果觉得不够，可以再插入工作表。见图 10.2.2.1。

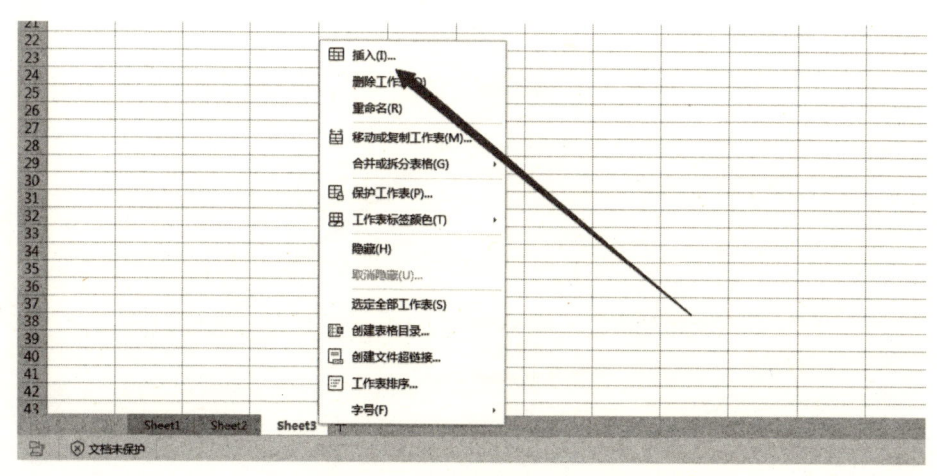

图 10.2.2.1　选择插入工作表

179

插入工作表时要在标签一栏单击右键选择插入，进入到下一个选项，就会出现工作表这一选项。见图10.2.2.2。

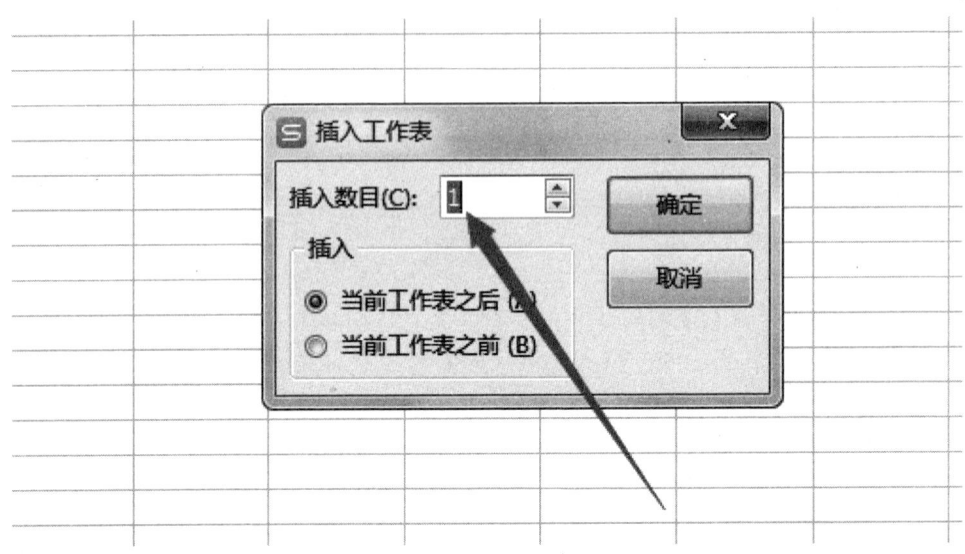

图10.2.2.2 选项插入工作表的数目

在删除工作表的时候，要在需要删除的表格上面单击右键，选择删除这一选项即可。见图10.2.2.3。

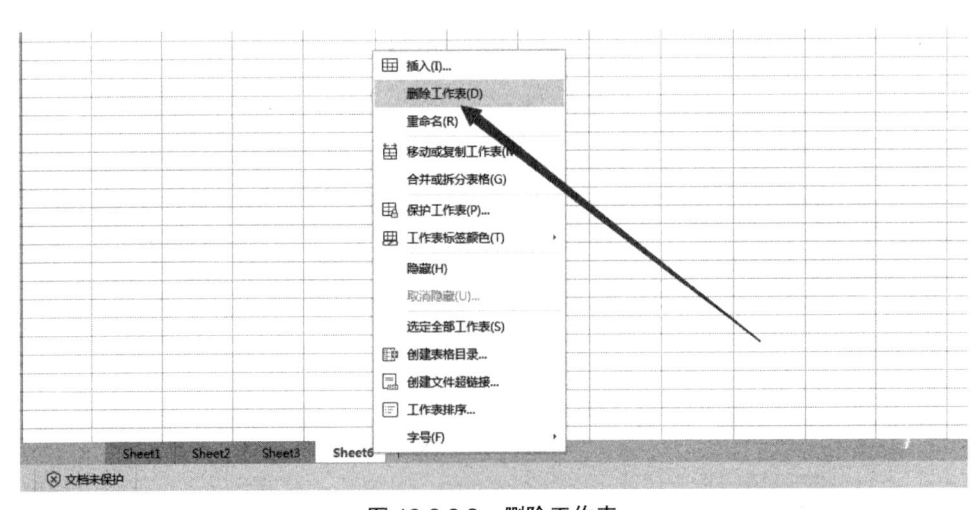

图10.2.2.3 删除工作表

在重新命名一个工作表的时候，在需要重新命名的表格上面单击右键，选择重命名这一选项。见图 10.2.2.4。

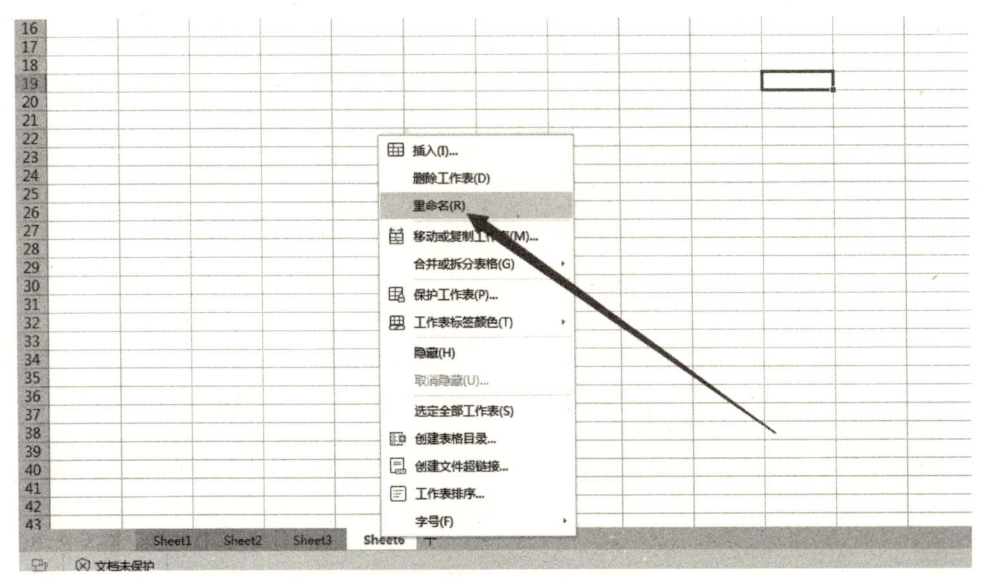

图 10.2.2.4　重命名工作表

在单击右键选择重命名选项后，标签这一栏的颜色就会是选中的状态，在改好名字以后，按 Enter 键进行确认即可。见图 10.2.2.5。

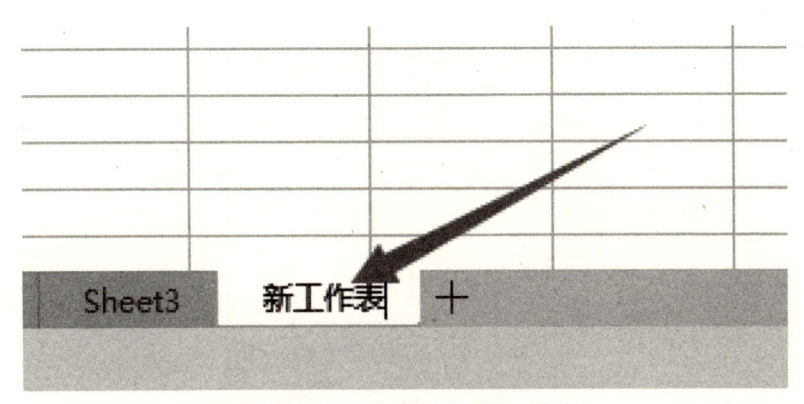

图 10.2.2.5　重命名之后的工作表

需要移动和复制工作表的时候,在工作表的标签一栏中,单击右键,选择移动和复制工作表。见图 10.2.2.6。

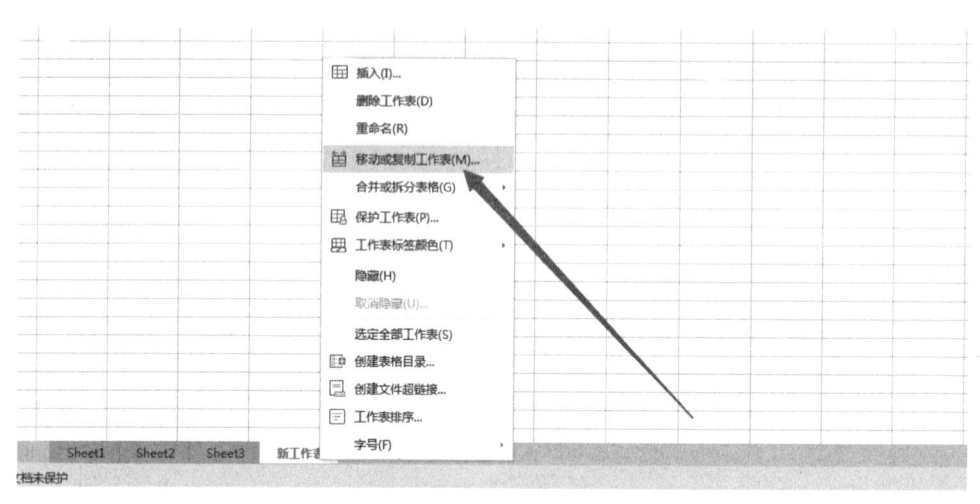

图 10.2.2.6　移动工作表

在选择移动和复制工作表选项后,进入到下一选项中,建立副本,选择好要放置的位置就可以了。见图 10.2.2.7。

图 10.2.2.7　建立副本

第 10 章　Excel 在人力资源管理中的应用

10.2.3　表格存储的规范操作

如果想要保存一个表格，单击表格左上方的"保存"按键就可以完成对表格的保存。见图 10.2.3.1。

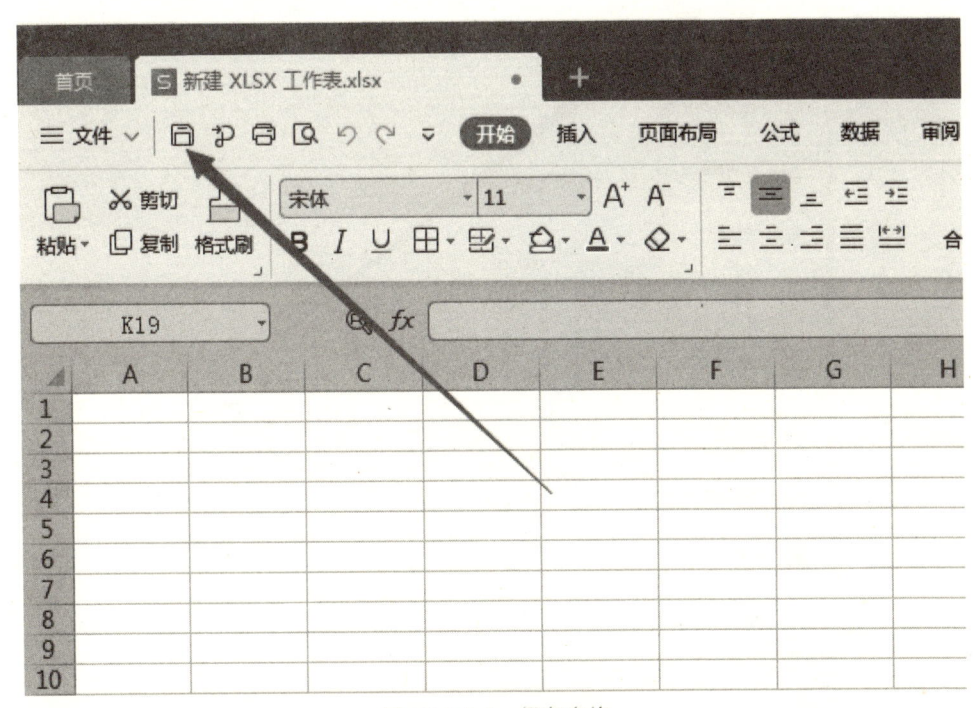

图 10.2.3.1　保存表格

还有另一种方法就是通过选择 WPS 表格中的"保存"这一命令来对表格进行保存。见图 10.2.3.2。

183

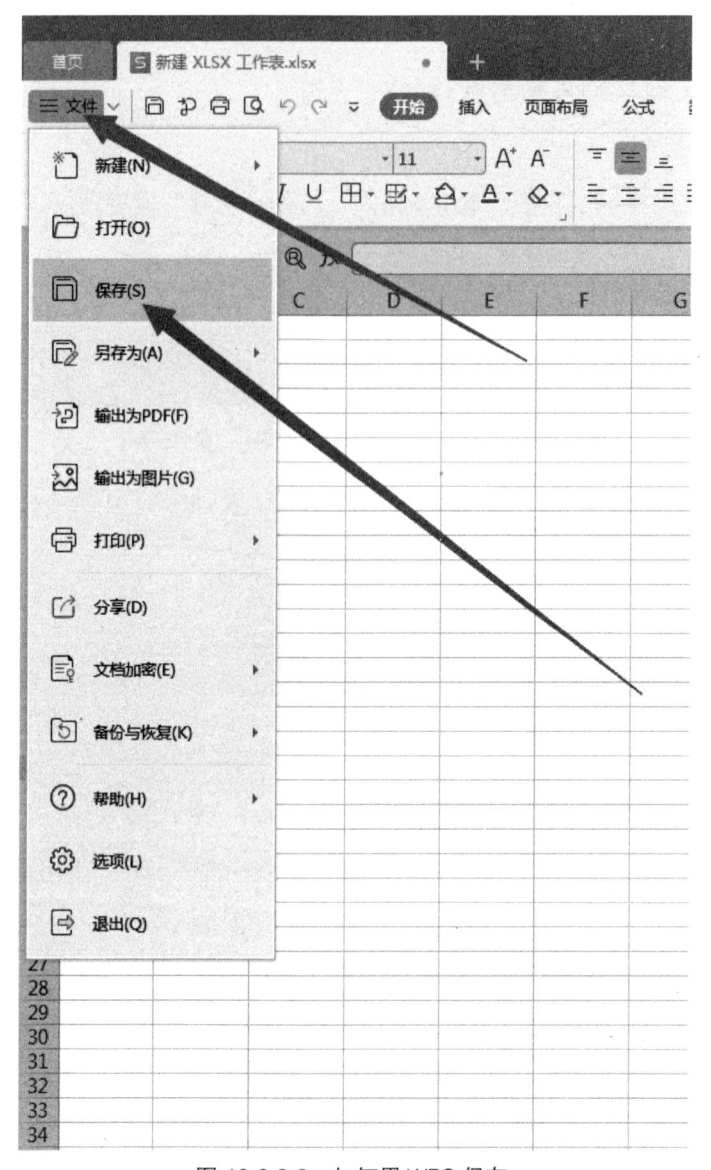

图 10.2.3.2　如何用 WPS 保存

如果想要把表格保存到计算机的其他地方，那么需要选择 WPS 表格中的"另存为"选项，然后在打开的对话框中把要保存的文件命名就可以了。见图 10.2.3.3。

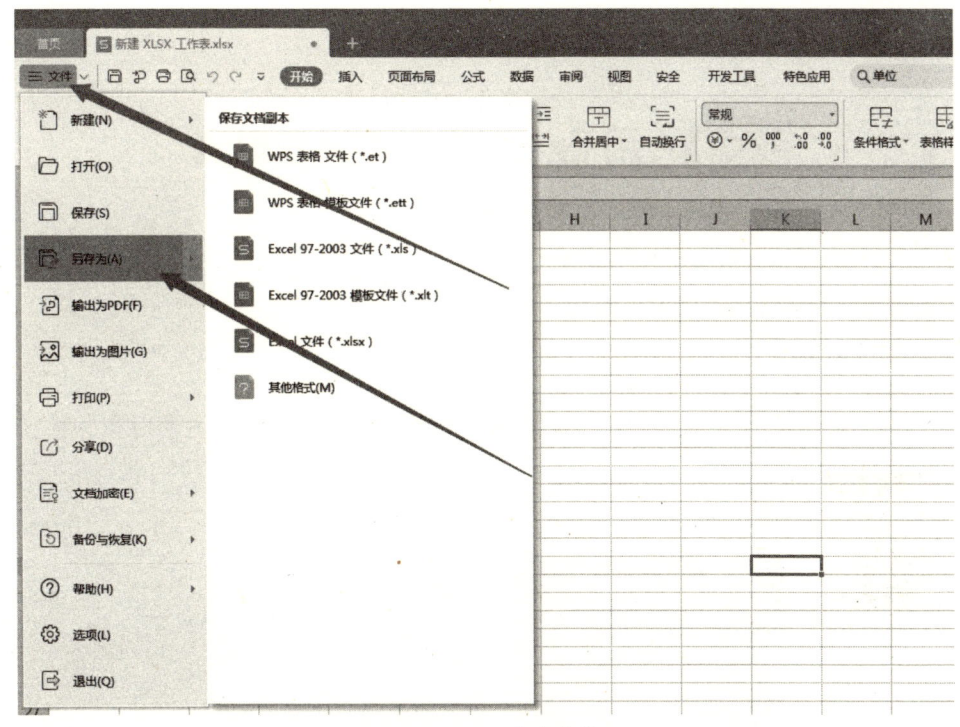

第 10 章　Excel 在人力资源管理中的应用

图 10.2.3.3　命名文件

如果在编辑中对表格进行了修改，那么在退出这一工作簿的时候，系统会出现是否要对已修改的表格进行保存，如果选择"是"这一命令，那么就可以对修改后的内容进行保存；如果选择"否"这一命令，那么就不保存修改以后的内容；如果单击"取消"命令，就可以退出此次操作。见图 10.2.3.4。

图 10.2.3.4　是否保存修改后的表格

185

10.3 用 Excel 建立招聘信息表

10.3.1 招聘流程表格的建立

启动 Excel 程序系统，新建一个表格，将其名称保存为"人力资源招聘数据表格"。见图 10.3.1.1。

图 10.3.1.1　建立表格

单击右键"Sheet1"这一工作表的标签，再单击快捷菜单里的"重命名"这一按钮，并把这一工作表格重新更名为"人力资源招聘流程表"，最后按 Enter 键进行确认。见图 10.3.1.2。

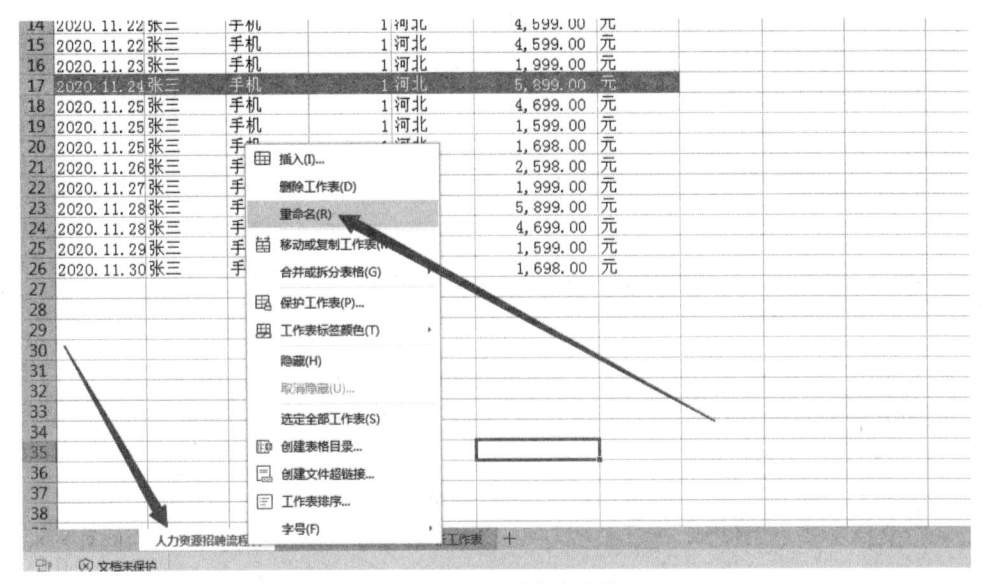

图 10.3.1.2　重命名表格

单击插入选项中"形状"这一指令右边的箭头，再打开形状列表。见图 10.3.1.3。

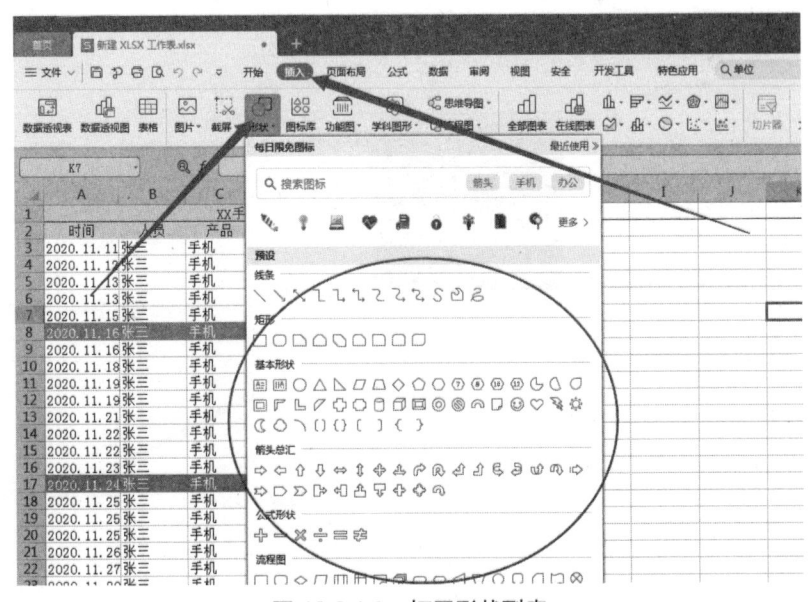

图 10.3.1.3　打开形状列表

人力资源管理
——从入门到精通

在形状列表里，右键单击"流程图"中的"流程图：过程"形状这一指令，这个时候的鼠标箭头就会变成十字的形状，最后在工作表格中合适的位置拖动鼠标制作一个"过程"形状。见图10.3.1.4。

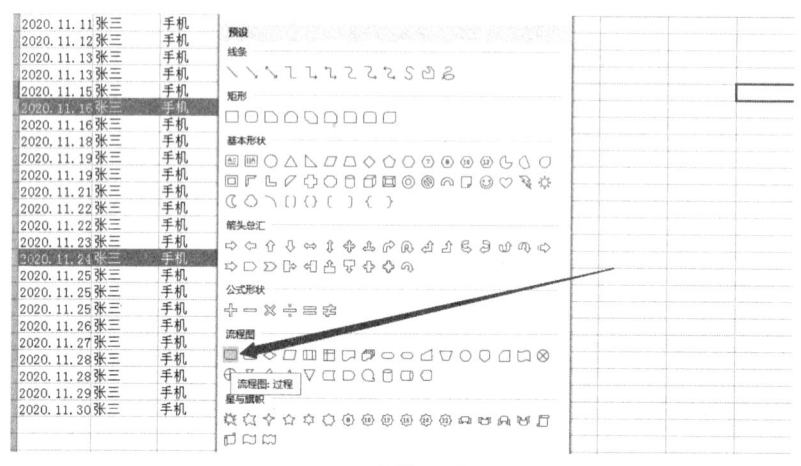

图10.3.1.4　制作"过程"形状

单击右键制作的"过程"形状，再在快捷菜单中单击"编辑文字"这一命令。见图10.3.1.5。

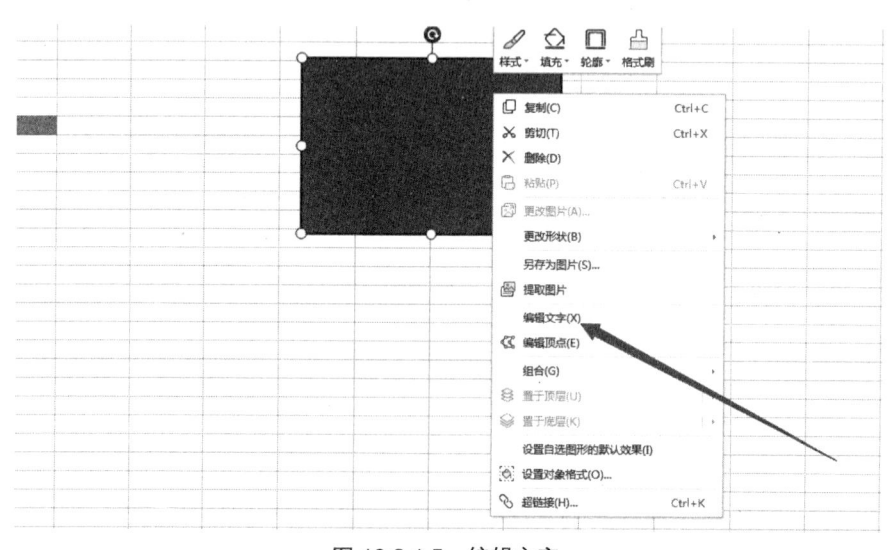

图10.3.1.5　编辑文字

在形状列表里，单击"线条"中的"箭头"这一形状，这个时候鼠标箭头会变成十字形状，然后在刚开始建立的"过程"形状下面单击再拖动鼠标就可以制作出一个"箭头"的形状。见图 10.3.1.6。

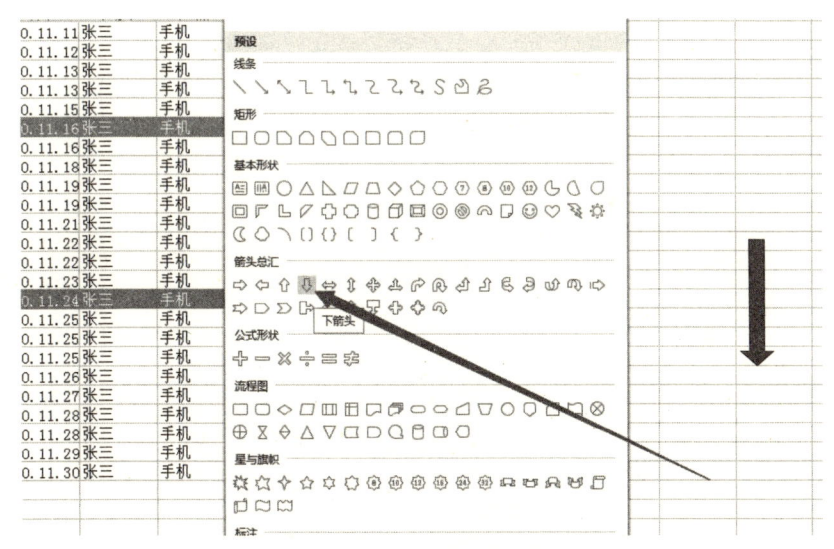

图 10.3.1.6　制作箭头形状

要继续制作其他的"过程"形状，选中方框和箭头，再按住 Ctrl 键并拖动鼠标到合适的位置，最后就可以得到一个新的方框和箭头。见图 10.3.1.7。

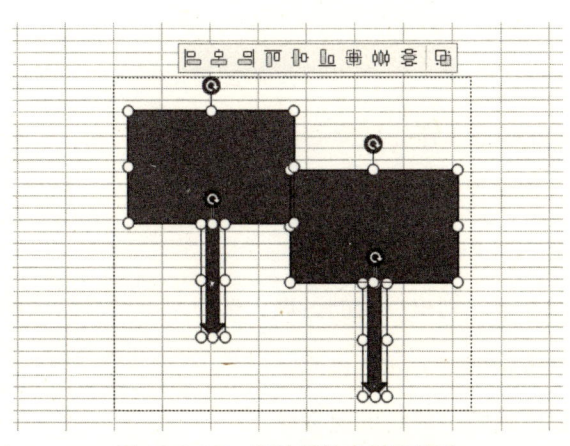

图 10.3.1.7　制作新的方框和箭头

在形状复制完成以后，最后为每个"过程"形状输入内容即可。见图10.3.1.8。

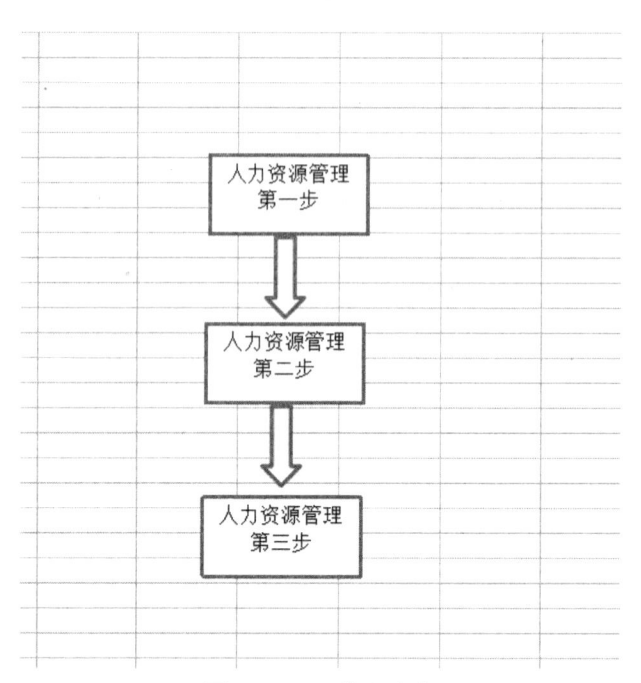

图 10.3.1.8　输入内容

10.3.2　招聘需求汇总表的建立

招聘作为 HR 的工作之一，其过程包括发布招聘广告、筛选简历以及二次面试等。HR 想要做好这些工作，就要制作招聘需求汇总表，了解公司对人才需求的程度、数量等，这样才能做到有的放矢。

第一步，新建一个 Excel 表格并打开。

第二步，按住左键，划出一定的区域，选择菜单栏中的边框选项，然后选择虚线或者实线，把表格的边界制作出来。

第三步，选好形式后，就会出现表格。

第四步，制作表头。在表格的最上面一行填写表头为"招聘需求表"。

第五步，输入内容。在表头下方的表格中依次输入需求小组/部门、招聘岗位、拟招聘人数、希望到岗时间、招聘紧急程度、岗位职责、任职要求等。

第六步，优化表格。在制作过程中如果发现行或者列不够，可单击鼠标右键插入行或者列。同样，如果有多出的行或列，可以选中需要删除的行或列，单击鼠标右键选择删除即可（可选择删除整行或整列，也可以选择右侧单元格左移或者下方单元格上移）。如果需要合并行或列，选中对应的行或列以后，鼠标左键点击菜单栏中的合并居中选项即可。

按照以上步骤制作，一份完整的招聘需求表即可完成，见表10.3.1。

表 10.3.1 招聘需求表

招聘需求表			
需求小组/部门：		招聘岗位：	
拟招聘人数：		申请日期：	希望到岗时间：
面试负责人：		接收简历邮箱：	
招聘紧急程度	A 人员需求急，每天筛选简历并发送	B 人员需求比较急，每 2-3 天筛选简历并发送	C 人员需求不急，加大筛选力度，每 5-6 天筛选简历并发送
岗位职责			
任职要求			
教育水平			
工作年限			
小组/部门意见	负责人签字： 日期：		

续表

招聘需求表	
技术部门意见	负责人签字： 日期：
总负责人意见	负责人签字： 日期：
员工到岗确认（综合服务部）	该招聘岗位员工 已于 年 月 日到岗。 选择：A 继续招聘　　B 暂停招聘

10.3.3 应聘人员信息表的建立

由于公司想要的讯息，在应聘者投递的简历上不一定会有（因为现在的简历模板都是五花八门的，而且每个应聘人员的信息表的排序会有所不同，一般会把公司所关心的、最重要的信息放在前面，难免会出现厚此薄彼，甚至隐瞒某些真实信息的情况），所以 HR 要确保应聘人员提供信息的真实性，要求应聘者要对其负责。如果在应聘者入职以后发现有弄虚作假的行为，HR 可以以应聘人员当时登记的信息表为证据，无条件解除劳动合同。

那么，如何制作一份应聘人员信息表呢？

第一步，新建一个 Excel 表格并打开。

第二步，按住左键，划出一定的区域，选择菜单栏中的边框选项，然后选择虚线或者实线，把表格的边界制作出来。

第三步，选好形式后，就会出现表格。

第四步，制作表头。在表格的最上面一行填写表头为"应聘人员信息表"。

第五步，输入内容。除了要在表头下方的表格中依次输入应聘人员的基本信息,包括姓名、性别、身份证号码等,还要记录应聘人员的技术与能力方面的信息,包括技术职称、职业资格、岗位证书等。

第六步,优化表格。在制作过程中如果发现行或者列不够,可单击鼠标右键插入行或者列。同样,如果有多出的行或列,可以选中需要删除的行或列,单击鼠标右键选择删除即可(可选择删除整行或整列,也可以选择右侧单元格左移或者下方单元格上移)。如果需要合并行或列,选中对应的行或列以后,鼠标左键点击菜单栏中的合并居中选项即可。

按照以上步骤制作,一份完整的应聘人员信息表即可完成,见表 10.3.2。

表 10.3.2 应聘人员信息表

应聘人员信息表					
姓名		性别		身份证号码	
政治面貌		民族		最高学历	
婚姻状况		有无子女		所学专业	
居住地址				邮编	
现月薪				期望月薪	
技术职称		取得方式		职称取得时间	
计算机水平					
外语语种及水平		语种		水平	
何时何地取得何种职业资格					
何时何地取得何种岗位证书					
社保关系所在单位			档案所在单位		
社保缴费起止时间			有无在外兼职		

10.3.4 招聘成本相关表格的建立

每个企业都要进行财务的成本核算，其中材料成本、各种管理费用以及人工成本都属于成本核算的范畴。那么，招聘成本的核算表格又该如何制作呢？

通常，企业成本的核算都是通过 ERP 来计算，但也可以利用 Excel 制作一个简单的表格来进行核算。

第一步，新建一个 Excel 表格并打开。

第二步，按住左键，划出一定的区域，选择菜单栏中的边框选项，然后选择虚线或者实线，把表格的边界制作出来。

第三步，选好形式后，就会出现表格。

第四步，制作表头。在表格的最上面一行填写表头为"招聘成本相关表"。

第五步，输入内容。在表头下方的表格中依次输入人力成本、材料费用、行政管理费用、差旅费用、员工推荐奖金等。

第六步，优化表格。在制作过程中如果发现行或者列不够，可单击鼠标右键插入行或者列。同样，如果有多出的行或列，可以选中需要删除的行或列，单击鼠标右键选择删除即可（可选择删除整行或整列，也可以选择右侧单元格左移或者下方单元格上移）。如果需要合并行或列，选中对应的行或列以后，鼠标左键点击菜单栏中的合并居中选项即可。

按照以上步骤制作，一份完整的招聘成本表即可完成，见表 10.3.3。

表 10.3.3　招聘成本相关表

招聘成本相关表

填表人		填表日期		年　　月　　日	
人力成本		负责人：		所花费时间（分）：	成本（元）：
资料费用		办公费用			
行政管理费用		广告费用			
差旅费用		参展费用			
员工推荐奖金		其他费用			
合计					
备注					
人力资源部经理		财务部经理		总经理	

10.4　用 Excel 建立员工信息表

10.4.1　员工信息登记表的建立

员工的信息管理是 HR 必须要做的工作之一。一个公司的员工信息表的完善情况，决定了这个公司的 HR 对于数据分析的效率和质量。

那么，如何利用 Excel 来制作一份完整的员工信息登记表呢？

第一步，新建一个 Excel 表格并打开。

第二步，按住左键，划出一定的区域，选择菜单栏中的边框选项，选择虚线或者实线，把表格的边界制作出来。

第三步，选好形式后，就会出现表格。

第四步，制作表头。在表格的最上面一行填写表头为"员工信息登记表"。

第五步，输入内容。在表头下方的表格中依次输入姓名、性别、民族、出生日期、身份证号码、政治面貌、婚姻状况、户口所在地、现居住地址、毕业学校、所学专业、学历学位等主要内容。

第六步，优化表格。在制作过程中如果发现行或者列不够，可单击鼠标右键插入行或者列。同样，如果有多出的行或列，可以选中需要删除的行或列，单击鼠标右键选择删除即可（可选择删除整行或整列，也可以选择右侧单元格左移或者下方单元格上移）。如果需要合并行或列，选中对应的行或列以后，鼠标左键点击菜单栏中的合并居中选项即可。

按照以上步骤制作，一份完整的员工信息登记表即可完成，见表10.4.1

表10.4.1 员工信息登记表

员工信息登记表					
姓名		性别		民族	
出生日期		身份证号码			
政治面貌		婚姻状况			
户口所在地		现居住地址			
毕业学校		所学专业			
毕业时间		学历		学位	
联系电话		紧急联系人		紧急联系电话	
档案所在地		档案管理形式	□仍在原先单位管理	□个人委托代理机构管理	□可转至公司代为管理

续表

员工信息登记表

是否缴纳社会保险	□是 □否	社会保险缴纳形式	□仍在原先单位代缴	□个人委托代理机构缴纳	□停缴
教育培训经历	起止时间	学校/机构	所学专业	学历	证书
工作经历	起止时间	工作单位	工作岗位	证明人	联系方式
家庭成员	与本人关系	姓名	工作单位	岗位	联系方式
入职情况	所属部门		职位		
声明	上述资料完全属实，如有不实，愿承担相应责任。本人签名：				

档案建立经办人签名：

10.4.2 员工岗位异动表的建立

对岗位的变动情况进行分析是 HR 的基础性工作，那么员工岗位异动表怎么制作呢？

第一步，新建一个 Excel 表格并打开。

第二步，按住左键，划出一定的区域，选择菜单栏中的边框选项，然后选择虚线或者实线，把表格的边界制作出来。

第三步，选好形式后，就会出现表格。

第四步，制作表头。在表格的最上面一行填写表头为"员工岗位异动表"。

第五步，输入内容。在表头下方的表格中依次输入调整类型、异动调整、调整前部门、调整前职位、调整后部门、调整后职位、调整前薪酬、调整后薪酬等。

第六步，优化表格。在制作过程中如果发现行或者列不够，可单击鼠标右键插入行或者列。同样，如果有多出的行或列，可以选中需要删除的行或列，单击鼠标右键选择删除即可（可选择删除整行或整列，也可以选择右侧单元格左移或者下方单元格上移）。如果需要合并行或列，选中对应的行或列以后，鼠标左键点击菜单栏中的合并居中选项即可。

按照以上步骤制作，一份完整的员工岗位异动表即可完成，见表10.4.2。

表10.4.2 员工岗位异动表

姓名		工号		部门		入职时间	
调整类型	异动调整	□升职 □降职 □调动		调整前部门		调整前职位	
				调整后部门		调整后职位	
	特别调整	调整原因					
调整前薪酬	工资等级			调整后薪酬	工资等级		
	基本工资				基本工资		
	绩效工资				绩效工资		
	其他工资				其他工资		
	通信补助				通信补助		
	住房补助				住房补助		
	其他福利				其他福利		
生效日期							
调出部门经理意见							
调入部门经理意见							

续表

人力资源部意见	
主管副总意见	
总经理意见	

10.4.3 员工各项信息的统计

通过企业登记的在职员工信息表，能够分析出员工的男女比例、平均年龄、在职年限等信息，以及每个年龄阶段的员工人数和各个职位的男女人数。那么，完整的员工信息统计表如何制作呢？

第一步，新建一个 Excel 表格并打开。

第二步，按住左键，划出一定的区域，选择菜单栏中的边框选项，然后选择虚线或者实线，把表格的边界制作出来。

第三步，选好形式后，就会出现表格。

第四步，制作表头。在表格的最上面一行填写表头为"员工信息统计表"。

第五步，输入内容。在表格中依次输入姓名、入职时间、身份证号码、出生日期、入职岗位、招聘渠道。

第六步，优化表格。在制作过程中如果发现行或者列不够，可单击鼠标右键插入行或者列。同样，如果有多出的行或列，可以选中需要删除的行或列，单击鼠标右键选择删除即可（可选择删除整行或整列，也可以选择右侧单元格左移或者下方单元格上移）。如果需要合并行或列，选中对应的行或列以后，鼠标左键点击菜单栏中的合并居中选项即可。

按照以上步骤制作，一份完整的员工信息统计表即可完成，见表 10.4.3。

表 10.4.3　员工信息统计表

姓名	入职时间	身份证号码	出生日期	入职岗位	招聘渠道

那么，怎么对员工的各项信息进行统计呢？

打开一个数据表，见图 10.4.3.1。

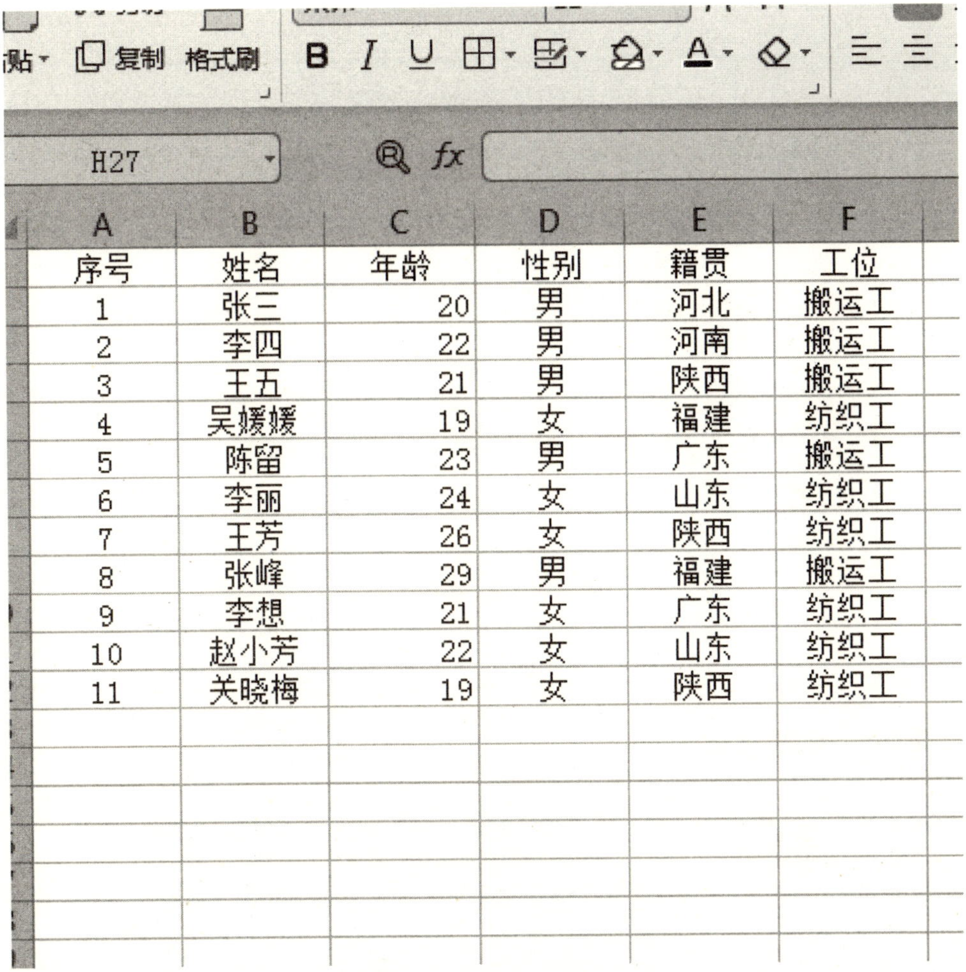

A	B	C	D	E	F
序号	姓名	年龄	性别	籍贯	工位
1	张三	20	男	河北	搬运工
2	李四	22	男	河南	搬运工
3	王五	21	男	陕西	搬运工
4	吴媛媛	19	女	福建	纺织工
5	陈留	23	男	广东	搬运工
6	李丽	24	女	山东	纺织工
7	王芳	26	女	陕西	纺织工
8	张峰	29	男	福建	搬运工
9	李想	21	女	广东	纺织工
10	赵小芳	22	女	山东	纺织工
11	关晓梅	19	女	陕西	纺织工

图 10.4.3.1 某数据表

建立新的数据表后首先统计一个简单的信息，即男女人数，可在单元格内输入这个公式"=COUNTIF（D：D，D2）"，COUNTIF 是表示有条件的统计函数。见图 10.4.3.2。

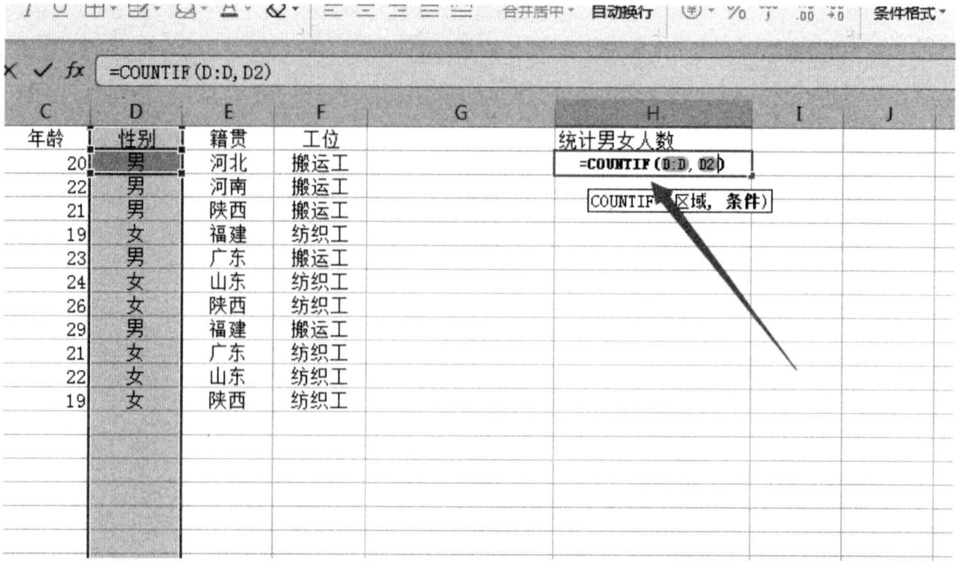

人力资源管理
——从入门到精通

图 10.4.3.2 统计信息

设置完成后点击回车，得到的结果是 5，再按单元格右下角的一个方块，向下拉即可。见图 10.4.3.3。

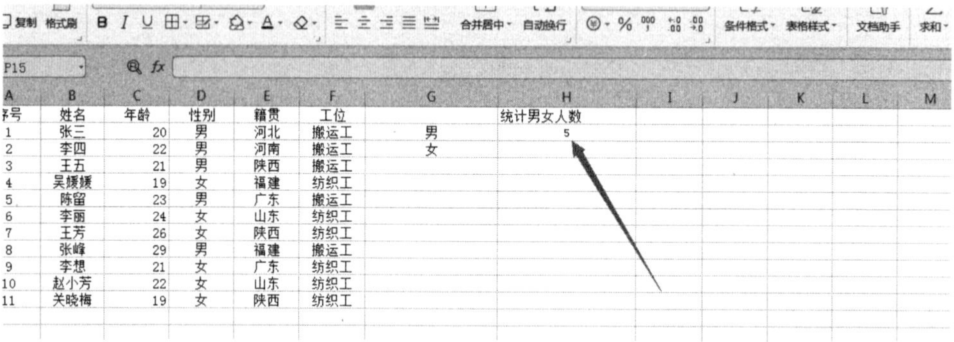

图 10.4.3.3 得出数字

此时就可以得到 D 列有多少个女员工。从表中可以看出，男员工有 5 人，女员工有 6 人，合计为 11 人。这只是单独统计一个内容时使用的公式，该公式也可以用来统计某地区的籍贯数和部门人数等。见图 10.4.3.4。

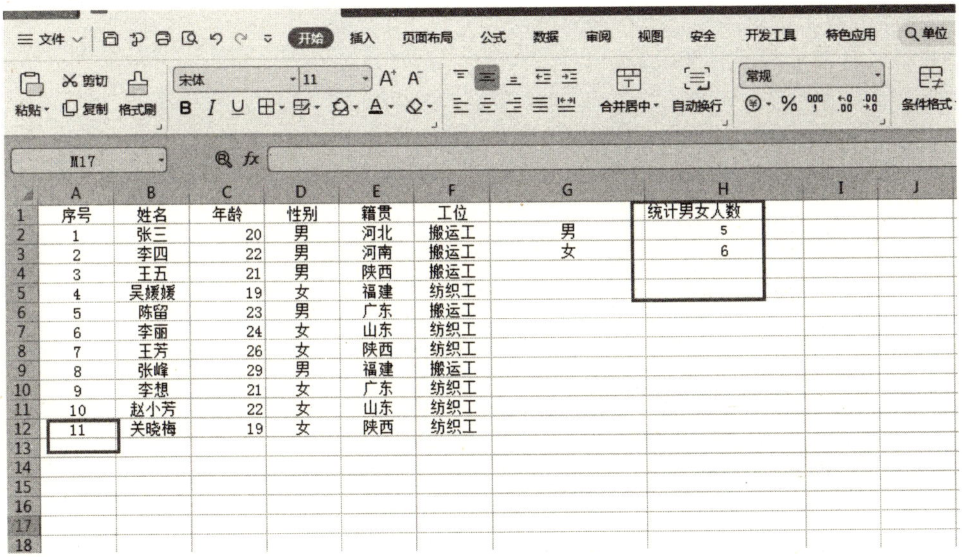

	A	B	C	D	E	F	G	H
1	序号	姓名	年龄	性别	籍贯	工位		统计男女人数
2	1	张三	20	男	河北	搬运工	男	5
3	2	李四	22	男	河南	搬运工	女	6
4	3	王五	21	男	陕西	搬运工		
5	4	吴媛媛	19	女	福建	纺织工		
6	5	陈留	23	男	广东	搬运工		
7	6	李丽	24	女	山东	纺织工		
8	7	王芳	26	女	陕西	纺织工		
9	8	张峰	29	男	福建	搬运工		
10	9	李想	21	女	广东	纺织工		
11	10	赵小芳	22	女	山东	纺织工		
12	11	关晓梅	19	女	陕西	纺织工		

图 10.4.3.4　得出总数

如果想统计一个年龄段的人数，那么上面的公式是不可以的，应该把公式修改为“=COUNTIF（C：C，"<20"）”，即统计 C 列中小于 20 岁的人数，那么十几岁是 C 列中最小的年龄，统计 10–19 岁有多少人，也就是小于 20 岁的有多少人就可以了。见图 10.4.3.5。

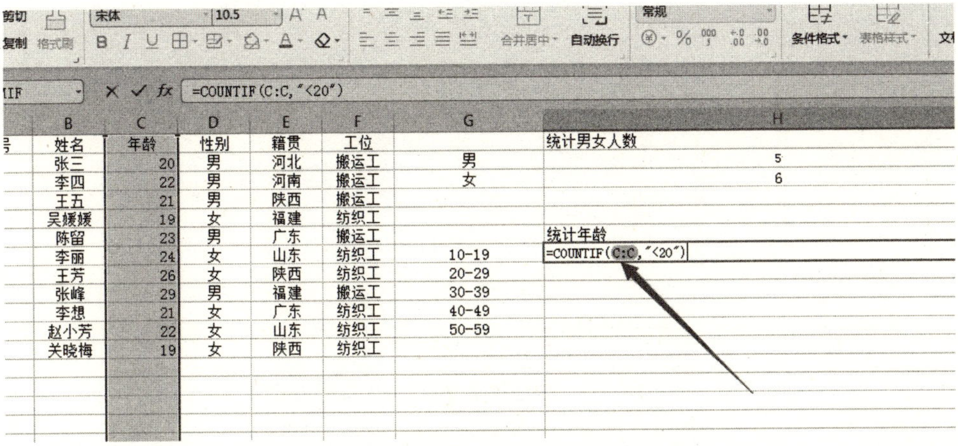

B	C	D	E	F	G	H
姓名	年龄	性别	籍贯	工位		统计男女人数
张三	20	男	河北	搬运工	男	5
李四	22	男	河南	搬运工	女	6
王五	21	男	陕西	搬运工		
吴媛媛	19	女	福建	纺织工		
陈留	23	男	广东	搬运工		统计年龄
李丽	24	女	山东	纺织工	10-19	=COUNTIF(C:C,"<20")
王芳	26	女	陕西	纺织工	20-29	
张峰	29	男	福建	搬运工	30-39	
李想	21	女	广东	纺织工	40-49	
赵小芳	22	女	山东	纺织工	50-59	
关晓梅	19	女	陕西	纺织工		

图 10.4.3.5　统计年龄为 10–19 岁的人数

点击回车以后就可以得到结果为 2。见图 10.4.3.6。

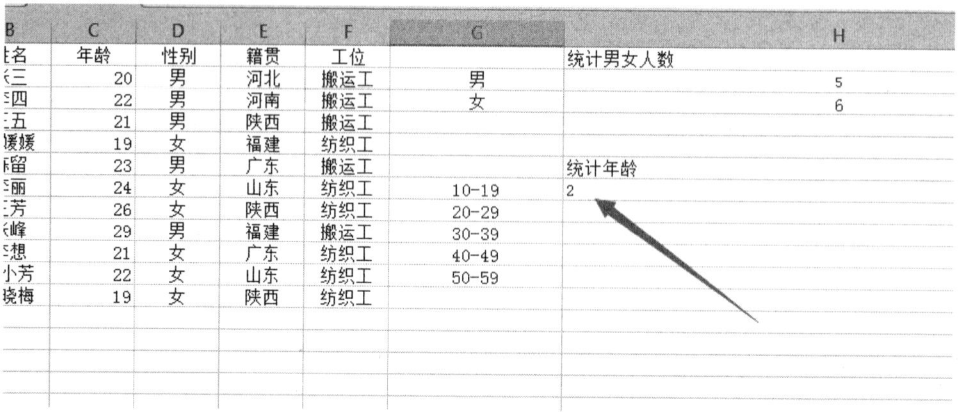

B	C	D	E	F	G	H
名	年龄	性别	籍贯	工位		统计男女人数
三	20	男	河北	搬运工	男	5
四	22	男	河南	搬运工	女	6
五	21	男	陕西	搬运工		
媛媛	19	女	福建	纺织工		
留	23	男	广东	搬运工		统计年龄
丽	24	女	山东	纺织工	10-19	2
芳	26	女	陕西	纺织工	20-29	
峰	29	男	福建	搬运工	30-39	
想	21	女	广东	纺织工	40-49	
小芳	22	女	山东	纺织工	50-59	
晓梅	19	女	陕西	纺织工		

图 10.4.3.6　年龄 10-19 岁的人数

统计 20 岁到 29 岁之间的人数，那么上面的公式就又不能使用了，此时可以把公式修改为“=SUM［COUNTIF（C：C，"<30"）-COUNTIF（C：C，"<20"）］”，就是用求和函数来统计 C 列中小于 30 的人数，再减去 C 列中小于 20 的人数即可。见图 10.4.3.7。

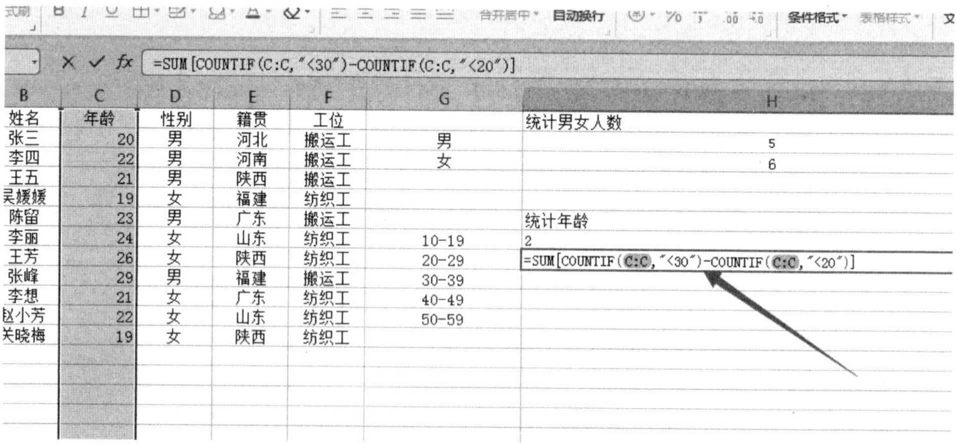

B	C	D	E	F	G	H
姓名	年龄	性别	籍贯	工位		统计男女人数
张三	20	男	河北	搬运工	男	5
李四	22	男	河南	搬运工	女	6
王五	21	男	陕西	搬运工		
吴媛媛	19	女	福建	纺织工		
陈留	23	男	广东	搬运工		统计年龄
李丽	24	女	山东	纺织工	10-19	2
王芳	26	女	陕西	纺织工	20-29	=SUM[COUNTIF(C:C,"<30")-COUNTIF(C:C,"<20")]
张峰	29	男	福建	搬运工	30-39	
李想	21	女	广东	纺织工	40-49	
赵小芳	22	女	山东	纺织工	50-59	
关晓梅	19	女	陕西	纺织工		

图 10.4.3.7　统计年龄为 20-29 岁的人数

点击回车以后就可以得到 20 岁至 29 岁之间的人数。统计 30 岁到 39 岁之间的人数，和统计 20 岁到 29 岁之间的人数道理相同，把公式修改为 "=SUM[COUNTIF（C：C，"<40"）-COUNTIF（C：C，"<30"）]" 即可。见图 10.4.3.8。

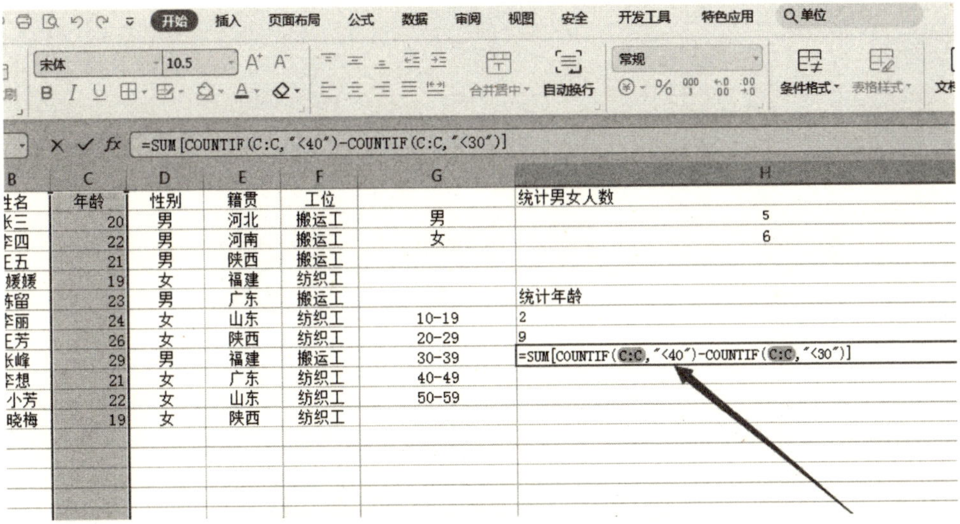

图 10.4.3.8　统计年龄为 30-39 岁的人数

点击回车之后，得出结果。同理，要统计 40 岁到 49 岁之间的人数把公式修改为 "=SUM[COUNTIF（C：C，"<50"）-COUNTIF（C：C，"<40"）]" 即可。见图 10.4.3.9。

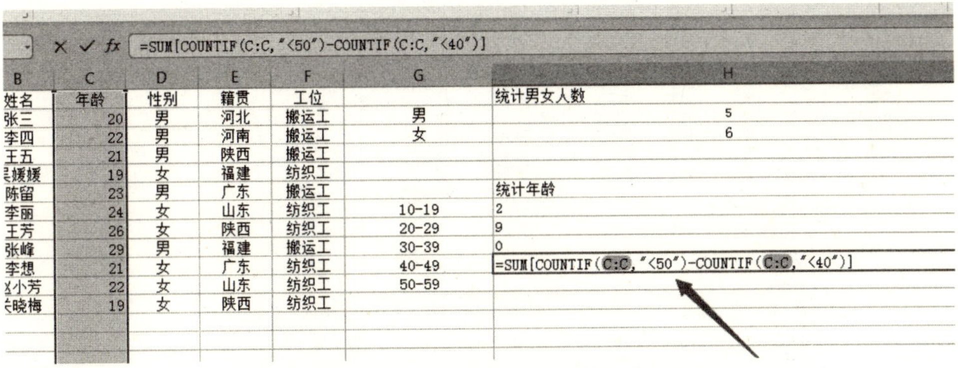

图 10.4.3.9　统计年龄为 40-49 岁的人数

205

点击回车之后，得出结果。要统计 50 岁到 59 岁之间的人数把公式修改为“=SUM［COUNTIF（C：C，"<60"）-COUNTIF（C：C，"<50"）］” 即 可。 见 图 10.4.3.10。

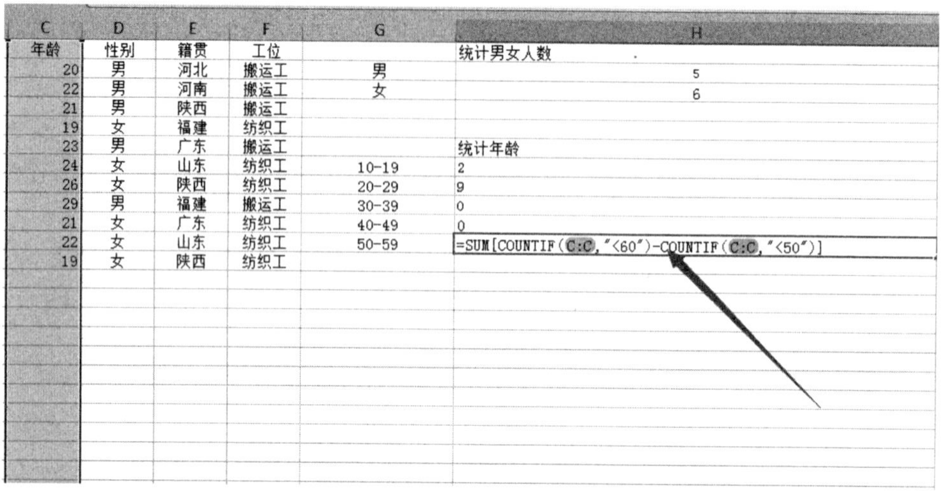

C	D	E	F	G	H
年龄	性别	籍贯	工位		统计男女人数
20	男	河北	搬运工	男	5
22	男	河南	搬运工	女	6
21	男	陕西	搬运工		
19	女	福建	纺织工		
23	男	广东	搬运工		统计年龄
24	女	山东	纺织工	10-19	2
26	女	陕西	纺织工	20-29	9
29	男	福建	搬运工	30-39	0
21	女	广东	纺织工	40-49	0
22	女	山东	纺织工	50-59	=SUM[COUNTIF(C:C,"<60")-COUNTIF(C:C,"<50")]
19	女	陕西	纺织工		

图 10.4.3.10　统计年龄为 50-59 岁的人数

点击回车之后，就得出了所有年龄段的人数有多少，这个公式主要针对的是数字范围内的统计。见图 10.4.3.11。

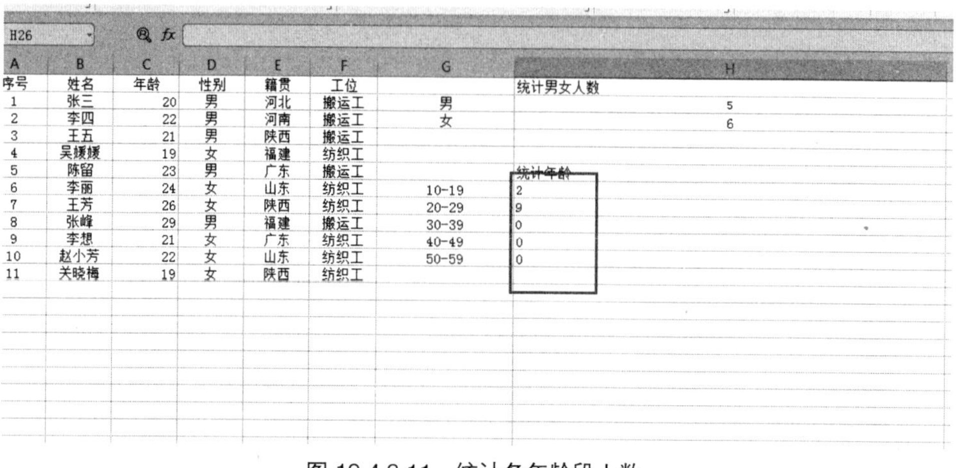

H26　fx

A	B	C	D	E	F	G	H
序号	姓名	年龄	性别	籍贯	工位		统计男女人数
1	张三	20	男	河北	搬运工	男	5
2	李四	22	男	河南	搬运工	女	6
3	王五	21	男	陕西	搬运工		
4	吴媛媛	19	女	福建	纺织工		
5	陈留	23	男	广东	搬运工		统计年龄
6	李丽	24	女	山东	纺织工	10-19	2
7	王芳	26	女	陕西	纺织工	20-29	9
8	张峰	29	男	福建	搬运工	30-39	0
9	李想	21	女	广东	纺织工	40-49	0
10	赵小芳	22	女	山东	纺织工	50-59	0
11	关晓梅	19	女	陕西	纺织工		

图 10.4.3.11　统计各年龄段人数

10.5 用 Excel 建立培训数据表

10.5.1 培训数据表格的建立

第一步，新建一个 Excel 表格并打开。

第二步，按住左键，划出一定的区域，选择菜单栏中的边框选项，然后选择虚线或者实线，把表格的边界制作出来。

第三步，选好形式后，就会出现表格。

第四步，制作表头。在表格的最上面一行填写表头为"培训数据表"。

第五步，输入内容。在表格中依次输入受训人员、姓名、性别、年龄、学历、专业等；辅导员、姓名、部门、职称等；培训项目、培训部门、培训目的等。

第六步，优化表格。在制作过程中如果发现行或者列不够，可单击鼠标右键插入行或者列。同样，如果有多出的行或列，可以选中需要删除的行或列，单击鼠标右键选择删除即可（可选择删除整行或整列，也可以选择右侧单元格左移或者下方单元格上移）。如果需要合并行或列，选中对应的行或列以后，鼠标左键点击菜单栏中的合并居中选项即可。

按照以上步骤制作，一份完整的培训数据表即可完成，见表 10.5.1。

表10.5.1 培训数据表

受训人员	姓名	性别	年龄	辅导员	姓名					
	学历	毕业学校	专业		部门					
	部门	职位	入职时间		职称					

编号	培训项目	培训开始时间	培训结束时间	培训部门	培训目的	培训员	培训地点	培训场所
1								
2								
3								
4								
5								
6								

10.5.2 员工培训档案的建立

员工培训档案建立的目的在于方便随时了解员工培训中遇到的困难，并适时选择适合公司目前发展的培训课题。HR 应了解公司的培训实际情况，通过培训员工的所属部门监督培训部门的质量，以此来不断提升培训部门的水平。

那么，如何制作员工培训档案？

第一步，新建一个 Excel 表格并打开。

第二步，按住左键，划出一定的区域，选择菜单栏中的边框选项，然后选择虚线或者实线，把表格的边界制作出来。

第三步，选好形式后，就会出现表格。

第四步，制作表头。在表格的最上面一行填写表头为"员工培训档案表"。

第五步，输入内容。在表头下方的表格中依次输入序、培训类别、课程名称、培训时间、培训地点、课程时数、主办单位、讲师、参加人数、实到人数、出勤率、培训费用、人均费用、培训满意度、总时数以及备注等。

第六步，优化表格。在制作过程中如果发现行或者列不够，可单击鼠标右键插入行或者列。同样，如果有多出的行或列，可以选中需要删除的行或列，单击鼠标右键选择删除即可（可选择删除整行或整列，也可以选择右侧单元格左移或者下方单元格上移）。如果需要合并行或列，选中对应的行或列以后，鼠标左键点击菜单栏中的合并居中选项即可。

按照以上步骤制作，一份完整的员工培训档案表即可完成，见表10.5.2。

表 10.5.2　员工培训档案表

员工培训档案表

序	培训类别	课程名称	培训时间	培训地点	课程时数	主办单位	讲师	学员对象	参加人数	实到人数	出勤率	培训费用	人均费用	培训满意度	总时数	备注
例																
合计																

这个表格建立以后，平时要及时更新，在每次的课程结束之后都要把课程信息填写到表格中。这里所说的课程信息是指所有的培训，包括了临时开办的学习会和免费获得的培训等。

10.5.3　培训讲师信息表的建立

为了能更好地营造学习氛围，促进公司的管理经验的积累、传播与共享，发现以及培养更多的优秀人才，提高每个员工的素质，HR应建立培训讲师信息表。那么，培训讲师信息表如何建立？

第一步，新建一个Excel表格并打开。

第二步，按住左键，划出一定的区域，选择菜单栏中的边框选项，然后选择虚线或者实线，把表格的边界制作出来。

第三步，选好形式后，就会出现表格。

第四步，制作表头。在表格的最上面一行填写表头为"培训讲师信息表"。

第五步，输入内容。在表头下方的表格中依次输入讲师姓名、年龄、性别、承担的课时及学时、身份证号码、最高学历、职称、教师资格证书、授课专业领域、职业资格证、单位名称、单位所属领域、联系电话、讲师简介、擅长领域等。

第六步，优化表格。在制作过程中如果发现行或者列不够，可单击鼠标右键插入行或者列。同样，如果有多出的行或列，可以选中需要删除的行或列，单击鼠标右键选择删除即可（可选择删除整行或整列，也可以选择右侧单元格左移或者下方单元格上移）。如果需要合并行或列，选中对应的行或列以后，鼠标左键点击菜单栏中的合并居中选项即可。

按照以上步骤制作，一份完整的培训讲师信息表即可完成，见表10.5.3。

表 10.5.3　培训讲师信息表

培训讲师信息表			
基本信息			
讲师姓名		性别	照片
年龄		承担的课时及学时	
身份证号码		最高学历	
职称		教师资格证书	
授课专业领域		职业资格证（职业及等级）	
单位名称		单位所属领域	

续表

培训讲师信息表

联系电话		手机号码		
讲师简介				
擅长领域				
主讲课程				
成功案例				
学术著作				
登记人		登记日期		
变更人		变更日期		

10.5.4 培训计划完成统计表的建立

第一步，新建一个 Excel 表格并打开。

第二步，按住左键，划出一定的区域，选择菜单栏中的边框选项，然后选择虚线或者实线，把表格的边界制作出来。

第三步，选好形式后，就会出现表格。

第四步，制作表头。在表格的最上面一行填写表头为"培训计划完成统计表"。

第五步，输入内容。在表头下方的表格中依次输入序号、培训内容、时间、人数、完成率、备注等。

第六步，优化表格。在制作过程中如果发现行或者列不够，可单击鼠标右键插入行或者列。同样，如果有多出的行或列，可以选中需要删除的行或列，单击鼠标右键选择删除即可（可选择删除整行或整列，也可以选择右侧单元格左移或者下方单元格上移)。如果需要合并行或列,选中对应的行或列以后,鼠标左键点击菜单栏中的合并居中选项即可。

按照以上步骤制作,一份完整的培训计划完成统计表即可完成,见表10.5.4。

表 10.5.4 培训计划完成统计表

培训计划完成统计表

序号	培训内容	时间(小时)		人数(人)		完成率(%)	备注
		计划	实际	计划	实际		

10.5.5 培训成本表的建立

第一步，新建一个 Excel 表格并打开。

第二步，按住左键，划出一定的区域，选择菜单栏中的边框选项，然后选择虚线或者实线，把表格的边界制作出来。

第三步，选好形式后，就会出现表格。

第四步，制作表头。在表格的最上面一行填写表头为"培训成本表"。

第五步，输入内容。在表头下方的表格中依次输入分类、直接成本、间接成本、总成本；项目、培训成本费用、交通费、食宿费、受训者工资、合计等。

第六步，优化表格。在制作过程中如果发现行或者列不够，可单击鼠标右键插入行或者列。同样，如果有多出的行或列，可以选中需要删除的行或列，单击鼠标右键选择删除即可（可选择删除整行或整列，也可以选择右侧单元格左移或者下方单元格上移）。如果需要合并行或列，选中对应的行或列以后，鼠标左键点击菜单栏中的合并居中选项即可。

按照以上步骤制作，一份完整的培训成本表即可完成，见表10.5.5。

表 10.5.5　培训成本表

培训成本表		
分类	项目	费用
直接成本	培训成本费用	
	交通费	
	食宿费	

续表

培训成本表		
间接成本	受训者工资	
总成本	合计	

10.5.6 考核情况统计表的建立

第一步，新建一个 Excel 表格并打开。

第二步，按住左键，划出一定的区域，选择菜单栏中的边框选项，然后选择虚线或者实线，把表格的边界制作出来。

第三步，选好形式后，就会出现表格。

第四步，制作表头。在表格的最上面一行填写表头为"考核情况统计表"。

第五步，输入内容。在表头下方的表格中依次输入单位考核小组人员组成、组长、副组长、成员、项目、应参加考核人数、实际参加考核人数、未参加考核人数等。

第六步，优化表格。在制作过程中如果发现行或者列不够，可单击鼠标右键插入行或者列。同样，如果有多出的行或列，可以选中需要删除的行或列，单击鼠标右键选择删除即可（可选择删除整行或整列，也可以选择右侧单元格左移或者下方单元格上移）。如果需要合并行或列，选中对应的行或列以后，鼠标左键点击菜单栏中的合并居中选项即可。

按照以上步骤制作，一份完整的考核情况统计表即可完成，见表 10.5.6。

表 10.5.6　考核情况统计表

考核情况统计表							
单位考核小组人员组成	组长			副组长			成员	
项目	应参加考核人数	实际参加考核人数						未参加考核人数
^	^	小计	优秀	合格	基本合格	不合格	未定等次	^
合计								
比例								

10.6　用 Excel 建立其他表格

10.6.1　工资发放表的建立

第一步，新建一个 Excel 表格并打开。

第二步，按住左键，划出一定的区域，选择菜单栏中的边框选项，然后选择

虚线或者实线，把表格的边界制作出来。

第三步，选好形式后，就会出现表格。

第四步，制作表头。在表格的最上面一行填写表头为"工资发放表"。

第五步，输入内容。在表头下方的表格中依次输入编号、所属月份、序号、姓名、基本工资、奖金、补贴、应发工资、社保扣除、个税扣除、其他扣除以及实发工资。

第六步，优化表格。在制作过程中如果发现行或者列不够，可单击鼠标右键插入行或者列。同样，如果有多出的行或列，可以选中需要删除的行或列，单击鼠标右键选择删除即可（可选择删除整行或整列，也可以选择右侧单元格左移或者下方单元格上移）。如果需要合并行或列，选中对应的行或列以后，鼠标左键点击菜单栏中的合并居中选项即可。

按照以上步骤制作，一份完整的工资发放表即可完成，见表10.6.1。

表 10.6.1　工资发放表

工资发放表

编号			所属月份							
序号	姓名	基本工资	奖金	补贴	应发工资	社保扣除	个税扣除	其他扣除	实发工资
1									
2									
3									
4									

续表

工资发放表

5									
6									
7									
8									
9									
合计									

10.6.2 休假数据统计表的建立

第一步，新建一个 Excel 表格并打开。

第二步，按住左键，划出一定的区域，选择菜单栏中的边框选项，然后选择虚线或者实线，把表格的边界制作出来。

第三步，选好形式后，就会出现表格。

第四步，制作表头。在表格的最上面一行填写表头为"休假数据统计表"。

第五步，输入内容。在表头下方的表格中依次输入序号、部门、姓名、入职日期、公司工龄、公司外已证明工龄、累计工龄、按累计工龄当年应休天数、新员工计算年休假日历天数、可休天数等。

第六步，优化表格。在制作过程中如果发现行或者列不够，可单击鼠标右键插入行或者列。同样，如果有多出的行或列，可以选中需要删除的行或列，单击鼠标右键选择删除即可（可选择删除整行或整列，也可以选择右侧单元格左移或者下方单元格上移）。如果需要合并行或列，选中对应的行或列以后，鼠标左键点击菜单栏中的合并居中选项即可。

按照以上步骤制作，一份完整的休假数据统计表即可完成，见表10.6.2。

表 10.6.2 休假数据统计表

序号	部门	姓名	入职日期	公司工龄	公司外已证明工龄	累计工龄（年）	按累计工龄当年应休天数	新员工计算年休假日历天数（天）	可休天数	2019年计算已休天数									
										1	2	3	4	5	6	7	8	9	10
1																			
2																			
3																			
4																			
5																			
6																			

10.6.3 加班时长统计表的建立

第一步，新建一个Excel表格并打开。

第二步，按住左键，划出一定的区域，选择菜单栏中的边框选项，然后选择

虚线或者实线，把表格的边界制作出来。

第三步，选好形式后，就会出现表格。

第四步，制作表头。在表格的最上面一行填写表头为"加班时长统计表"。

第五步，输入内容。在表头下方的表格中依次输入员工、下班时间、加班时间、加班时长。

第六步，优化表格。在制作过程中如果发现行或者列不够，可单击鼠标右键插入行或者列。同样，如果有多出的行或列，可以选中需要删除的行或列，单击鼠标右键选择删除即可（可选择删除整行或整列，也可以选择右侧单元格左移或者下方单元格上移）。如果需要合并行或列，选中对应的行或列以后，鼠标左键点击菜单栏中的合并居中选项即可。

按照以上步骤制作，一份完整的加班时长统计表即可完成，见表10.6.3。

表10.6.3　加班加班统计表

加班时长统计表			
员工	下班时间	加班时间	加班时长
小明	18:30	19:20	
小万	18:30	19:30	
小王	18:30	20:10	
张三	18:30	21:20	
李四	18:30	20:30	

10.6.4　提成、奖金的统计表的建立

第一步，新建一个Excel表格并打开。

第二步，按住左键，划出一定的区域，选择菜单栏中的边框选项，然后选择

虚线或者实线，把表格的边界制作出来。

第三步，选好形式后，就会出现表格。

第四步，制作表头。在表格的最上面一行填写表头为"员工工资奖金统计表"。

第五步，输入内容。在表头下方的表格中依次输入姓名、部门、职务、基本工资、月销售额、补贴以及业绩提成等。

第六步，优化表格。在制作过程中如果发现行或者列不够，可单击鼠标右键插入行或者列。同样，如果有多出的行或列，可以选中需要删除的行或列，单击鼠标右键选择删除即可（可选择删除整行或整列，也可以选择右侧单元格左移或者下方单元格上移）。如果需要合并行或列，选中对应的行或列以后，鼠标左键点击菜单栏中的合并居中选项即可。

按照以上步骤制作，一份完整的提成、奖金统计表即可完成，见表10.6.4。

表10.6.4　员工工资奖金统计表

员工工资奖金统计表								
编号	姓名	部门	职务	基本工资	月销售额	补贴	业绩提成
1		人事部	经理	6000	0	600	0
2		人事部	办事员	3000	0	300	0
3		财务部	办事员	3000	0	300	0
4		销售部	会计	2800	0	280	0
5		销售部	业务员	2200	54234	220	1562.9
6		销售部	业务员	2200	42562	220	1356.5

HR是根据企业的战略目标，通过工作分析、员工招聘选拔、人力资源规划、绩效考评、员工激励、薪酬管理、人才培训和开发等手段来达到提高劳动生产率的目的，帮助企业实现既定目标。

参考文献

[1] 白春雨，胡晓东. 我国企业劳动关系和谐指数评价指标之研究[J]. 中国劳动关系学院学报，2012，03：18-24.

[2] 曹永平，顾龙芳，郭忠良. 劳动关系和谐指数构建[J]. 中国劳动，2011，10：16-19.

[3] 常凯，陶文忠. 人力资源管理与劳动关系调整[J]. 中国人力资源开发，2006，08：4-9.

[4] 陈海艳，姚波，董德法. 角色压力和工作绩效关系的研究综述[J]. 经济视角（下），2012，05：46-47+135.

[5] 陈江涛. 决策后悔的特征与形成机制研究[D]. 浙江大学，2008.

[6] 陈向明. 扎根理论的思路和方法[J]. 教育研究与实验，1999，04：58-63.

[7] 陈云云，方芳，张一弛. 高绩效HRM与员工绩效的关系：人力资本投资意愿的作用[J]. 经济科学，2009，05：117-128.

[8] 丁为民. 企业劳动关系与经济绩效的变动[J]. 福建论坛(人文社会科学版)，2004，07：16-20.

[9] 郭庆松. 三方博弈中的中国劳动关系——改革开放以来中国劳动关系的进展及问题研究[J]. 学术月刊，2009，09：69-77.

[10] 韩翼. 雇员工作绩效结构模型构建与实证研究[D]. 华中科技大学，2006.

[11] 韩翼,廖建桥,龙立荣.雇员工作绩效结构模型构建与实证研究[J].管理科学学报,2007,05:62-77.

[12] 胡恩华.中国情景下劳资关系氛围与双组织承诺关系研究[J].经济管理,2012,02:66-75.

[13] 胡晓东.论美国联邦政府公务员的绩效考核——兼谈中国政府公务员绩效管理[J].天津行政学院学报,2010,02:51-58.

[14] 华欢.劳动关系氛围下员工组织公民行为的演化博弈分析[J].中国商贸,2014,21:26-28.

[15] 卢纹岱.SPSS for windows 统计分析(第3版)[M].北京:电子工业出版社,2006.

[16] 蒋建武,赵曙明.战略人力资源管理与组织绩效关系研究的新框架:理论整合的视角[J].管理学报,2007,06:779-782+814.

[17] 张一弛,李书玲.高绩效人力资源管理与企业绩效:战略实施能力的中介作用[J].管理世界,2008,04:107-114+139.

[18] 张义明.企业雇佣关系协调实践对雇佣质量影响研究[D].南开大学,2012.

[19] 仲理峰.高绩效人力资源实践对员工工作绩效的影响[J].管理学报,2013,07:993-999+1033.

[20] 周明侠.论社会交换理论中的辩证法[J].学术界,2007,123(2):216-220.

[21] 朱良华.基于人力资源管理道德路径的劳动关系改善研究[J].财务与金融,2011,04:86-90.

[22] 朱智文,张博文.中国和谐劳动关系评价指标体系构建及实证分析[J].甘肃社会科学,2010,01:107-110.

[23] Patton M Q 著,吴芝仪,李奉儒译.质的评鉴与研究[M].台北:桂冠图书公司,1990.

[24] 王海著.从HR到HRBP成为专业HRBP的七大实战场景与基本技能[M].

北京：电子工业出版社，2015.

[25]〔澳〕迈克尔·A·豪格,〔英〕多米尼克·阿布拉姆斯，著；高明华，译. 社会认同过程[M]. 北京：中国人民大学出版社，2010.

[26]〔澳〕约翰·特纳，著；杨宜音，王兵，林含章，译. 自我归类论[M]. 北京：中国人民大学出版社，2010.

[27] 陈清泰. 重塑企业制度：三十年企业制度变迁[M]. 北京：中国发展出版社，2008.

[28] 陈晓萍，徐淑英，樊景立. 组织与管理研究的实证方法[M]. 北京：北京大学出版社，2008.

[29] 陈向明. 质的研究方法与社会科学研究[M]. 北京：教育科学出版社，2000.

[30] 邓治文. 我们是谁：合并型组织的社会认同研究[M]. 长沙：湖南人民出版社，2009.

[31] 董克用，叶向峰. 人力资源管理概论[M]. 北京：中国人民大学出版社，2003.

[32]〔法〕阿尔弗雷德·格罗塞，著；王鲲，译. 身份认同的困境[M]. 北京：社会科学文献出版社，2010.

[33] 范明林，吴军. 质性研究[M]. 上海：格致出版社、上海人民出版社，2009.

[34] 樊亚平. 中国新闻从业者职业认同研究[M]. 北京：人民出版社，2011：4-10.

[35] 方文. 学科制度和社会认同[M]. 北京：中国人民大学出版社，2008.

[36] 李汉林，渠敬东. 中国单位组织变迁过程中的失范效应[M]. 上海：上海人民出版社，2005.

[37] 李路路，李汉林. 中国的单位组织：资源、权力与交换[M]. 杭州：浙江人民出版社，2000.

[38] 李明明. 超越与同一：欧盟的集体认同研究[M]. 上海：上海人民出版社，

2009.

[39] 梁丽萍. 中国人的宗教心理：宗教认同的理论分析与实证研究[M]. 北京：社会科学文献出版社，2004.

[40] 〔美〕安东尼·吉登斯，著；赵旭东，译. 社会学（第4版）[M]. 北京：北京大学出版社，2003.

[41] 〔美〕查尔斯·汉迪，著；周旭华，译. 个人与组织的未来[M]. 北京：中国人民大学出版社，2006.

[42] WALLACE J, TIERNAN S, WHITE L. Industrial relations conflict and collaboration: adapting to a low fares business model in aer lingus[J]. European Management Journal, 2006, 24(5): 338-347.

[43] DASTMALCHIAN A, BLYTON P, ADAMSON R. The climate of workplace relations[M]. London and New York: Routledge, 1991.

[44] WALUMBWA F O, AVOLIO B J, ZHU W. How transformational leadership weaves its influence on individual job performance: The role of identification and efficacy beliefs[J]. Personnel Psychology, 2008, 61(4): 793-825.

[45] YAPING G, SONG C, SIU-YIN C. High performance work system and collective OCB: a collective social exchange perspective[J]. Human Resource Management Journal, 2010, 2.(20): 119-137.

[46] ZOGHI C, MOHR R D. High-involvement work design and job satisfaction[J]. Industrial and Labor Relations Review, 2008, 61(3): 275-296.

[47] APPELBAUM E, BAILEY T, BERG P, et al. Manufacturing advantage: Why high performance work systems pay off[M]. New York: Cornell University Press, 2000.